我要真關係

在人際中解結與成長

區祥江 著

給我的上司、導師、摯友**李兆康**弟兄，

感謝他在我生命中的影響。

我要真關係——在人際中解結與成長
作者／區祥江
策劃編輯／伍詠慈
美術設計／陳詩韻
插圖／Tio
出版發行／突破出版社
香港沙田亞公角山路33號突破青年村
電話：2632 0000　傳真：2632 0388
電郵：breakthrough@breakthrough.org.hk
網址：http://www.breakthrough.org.hk
http://www.btproduct.com
承印／陽光（彩美）印刷有限公司
2016年7月初版1刷
2023年11月初版5刷

Growth in Relationship
by Raymond Au
First Printing, First Edition, July 2016
Fifth Printing, First Edition, November 2023

Printed in Hong Kong
ISBN 978-988-8392-15-5

本書經文取自《新標點和合本》，版權為香港聖經公會所有，承蒙允准採用，特此鳴謝。

誠邀閣下就突破出版社的書籍發表意見

歡迎加入突破書籍 Facebook page — http://www.facebook.com/btbooks.page

本書採用環保油墨印刷

生　活　與　輔　導

關懷、連繫、復和、

溝通、對話……

凝視心之脈動，

直到重新尋獲自己的心。

拆解與人相處四個結

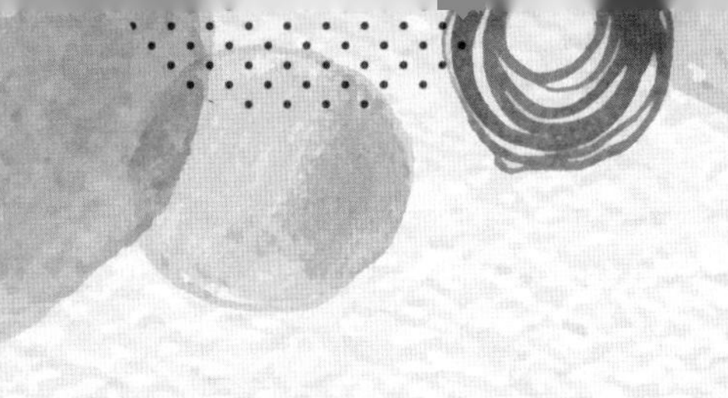

目錄

在人際關係中成長

引言

多年來探索成長這課題時，發現人際關係對個人成長影響深遠，這在過去不少著作中也曾着墨，只是內容散落在不同的篇章中。當突破書籍編輯邀請我寫書的時候，腦內便浮起在人際中成長這個主題。於是，我把在不同階段書寫的內容，統合在人際成長的框架之下，加入一些近年研究的心得，整合成一幅較完整的人際成長地圖。

這地圖分為兩部分，首先是理論。在理論的地圖中，有四個框架是我十分感興趣的，它們對人際相處的順暢與阻礙都有不同角度的詮釋，包括：John Bowlby 的相依理論（Attachment Theory）、Karen Horney 的人際流動理論（Movement）、還有客體關係理論（Object Relation Theory）及 Murray Bowen 的自我區分（Self Differentiation）（註：屬於 Bowen Family System）等。

相依理論關注我們在成長過程中，能否與一些重要人物如父母建立安穩的相依關係。如果我們能分辨哪些是不安全的相依關係，便能發現它如何影響我們與人相處時的互動形態。

Karen Horney 研究人際焦慮的問題，指出有些人因為人際焦慮，尋求自我肯定，過程中會出現人際間健康或不健康的流動。這些分析有助我們觀察人際相處的情況，對身邊人的行為多一份了解，繼而針對性處理人際的相處問題。

客體關係理論幫助我們了解，成長期中曾出現的人物如何影響我們，這個理論的強項在於描述這些客體形成的機制，例如認同與內化（internalization），我們如何透過上述機制吸納了他人的影響。

Bowen 的自我區分觀念可說是承接之前的理論，強調能與我們曾經認同或內化了的對象作自我區分，這也是我們成長追求的目標。這樣，一個人便能獨立自主地生活，而不會受限於對人對己過分敏感的反應。

第二部分則是探索不同的人際關係給我們什麼成長契機。各種關係裏，我們原生家庭的父母與兄弟姊妹最為重要。這些關係是我們日後其他人際關係的階模。

在眾多人際關係中，我選了師長、朋友、異性和工作關係作描述。這些不同的關係能給予我們各種不同的成長養分。師長給我們提携和肯定；朋友給我們欣賞和幫助；異性關係給我們經歷兩性差異，有助整合自己的性格；在工作關係中，我們要學習與不同階層的人相處和合作。另外，人際間的埋身接觸少不免帶來衝突，所謂不打不相識，善於處理人際衝突，除有助做事順利之外，也是我們學習接納和創意解決問題的機會。

生命是一個循環，當你在不同的人際關係中得到生命的滋潤，也可以成為其他人成長的一種助力，不論你是別人的朋友、師長、戀人、同事，你友善的同在同行，都有助他們成長。

沒有人是孤島，我們都需要人的連繫，失去連繫使我們感到孤單寂寞，情感受困擾，不妥善處理衝突和人際的張力也會帶來情緒困擾。所以，我們要勇於在人際關係中進步、成長。它是我們生命中不可或缺的，也是我們生命中最大的滿足和樂趣所在。

拆解與人相處四個結

在別人面前，我總不能做回自己
從相依理論看自我接納

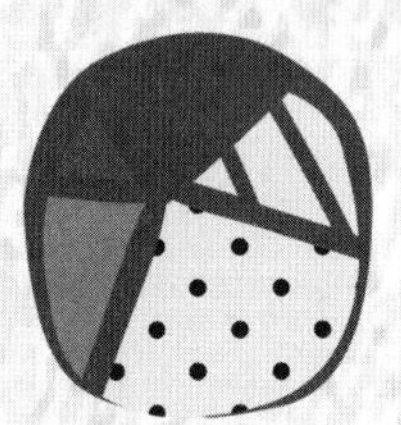
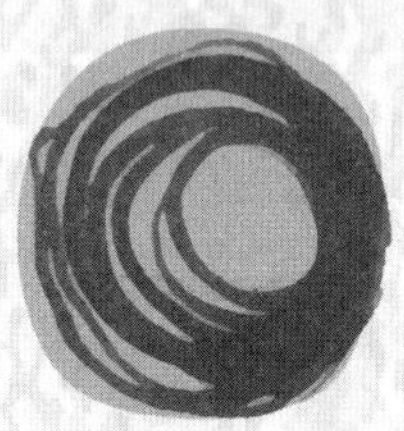

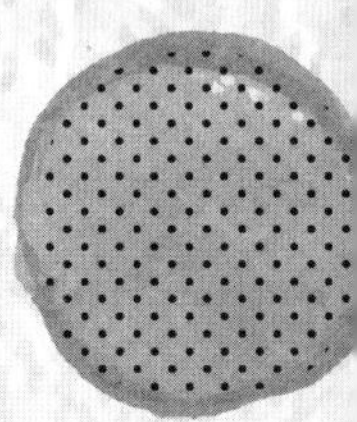

有一位大專女生暑假時到一所機構實習，她每遇上不同的同事，便會對着對方「大讚特讚」，有時讚賞別人的髮型，有時讚賞別人的衣着。然而，由於她不擅於詞令，說出來的話很別扭，使人摸不着頭腦，被讚的人甚至覺得啼笑皆非。她的主管感到奇怪，為何她要這樣做。主管了解後，得知這女生自小覺得自己比較遲鈍，一直擔心別人不接受自己，家人教她用這種方式使自己人見人愛，所以硬要奉承和討好別人。她與人相處的並不是真實的自己。

有時在青年人小組裏會接觸到一些人，他們在小組內高談闊論，侃侃而談，但從不談自己的情況，只談世界大事、國家的事、社會的事、別人的事。即使認識他們多年，你可能對他們的認識也只是「小組成員」。因為他們從不呈現自己真實的一面。

安穩的相依關係帶來自我接納

做回自己，是一個關乎自我接納的課題。自我接納在人際關係中起着一個十分重要的角色，它給予我們一個從容的心態與別人接觸。可以說，自我接納給我們帶來一段安穩的關係。我們透過認識相依理論來探索自己能否達致自我接納，在此先談相依的關係。

我們生命中第一段人際關係接觸自然就是父母，其中以母親最親近，因為母親在我們嬰兒期提供養育和照顧，她的身體就是我們成長的搖籃，嬰孩與母親有着一個共生的關係（symbiotic relationship）。所以，母親生產時的狀態，也會影響我們能否與她建立一個安全感的關係。例如，母親患上產後抑鬱，完全沒有心力照顧嬰兒，不想與嬰孩接觸，更談不上嬰孩在她的懷中能安穩。沒有安穩的關係，長遠有礙我們建立自我接納。

相依關係的不同類型

相依理論是兒童心理學家 John Bowlby 研究兒童與父母之間相繫的關係，他發現一個安全的結連（secure bonding）對兒童成長很重要；有一段安舒和安全的關係，兒童會敢於探索外間的世界，也較能獨立自主。在這結連的關係中，孩童會因與父母分離，產生一連串分離焦慮的反應，如帶憤怒的抗議、依附、尋索、情緒低落、失望，最終是抽離。

根據 Bowlby 的理解，相依有四個特徵，當我們尋找相依的對象時，我們也同時在：

- 尋找及維持接近的關係（proximity maintenance）；
- 尋找幫助和安穩的避難所（safe haven）；
- 為長期分離而感到不快（separation distress）；
- 以相依對象作為向外探索的安穩基地（secure base）。

在相依的關係中，相依關係中有兩個主角，就是「我」與「你」。有一道重要的問題是當事人想得到回答的，就是：「當我最需要你的時候，我可以倚靠你嗎？」

你若在我可觸及之處（accessibility），我發出呼求時，你樂意回應我的需要（responsiveness），我就找到可依靠的對象。

但故事還有另一面，就是「我」這個人可愛嗎？值得你去愛和回應我的需要嗎？

看「我」與「你」是否正面回應，這套成人相依的理論，為我們分辨出四種相依的關係，簡單表列如下：

成人相依關係分類

相依類型	解釋		
	看自己	看對方	關係
安穩（Secure）	正面	正面	高親密和高自主。
焦慮（Preoccupied）	負面	正面	從對方身上得到自我接納。
輕視（Dismissive）	正面	負面	逃避親密來保護自己，獨立，不易受傷。
恐懼——逃避（Fearful-avoidant）	負面	負面	預計會被人出賣和拒絕，逃避親密來保護自己。

按這個分類，**一個安穩型的人，他看自己和別人都是正面的。他不會擔心遭別人拒絕，亦知道自己的強弱所在而不會自我拒絕，這是人際關係中最理想的狀態。**

焦慮型的人，他對自己缺乏自信，覺得自己不夠可愛，經常擔心別人是否真心喜歡和接納他；所以，在人際關係中他是十分敏感的，經常以討好人的方式來取悅人，以求得到別人的接納。

輕視型的人，表面來看，他覺得自己是自給自足的，不需要別人的關懷；他看別人卻是負面的，事實是他想逃避親密來保護自己，讓自己獨立，不易受傷。

最後一種是恐懼 —— 逃避型的人，他看自己和別人都是負面的，經常預計被人出賣和拒絕，逃避親密來保護自己。

如果這些關係的互動模式，放在男女感情關係上，最常見到的男女互動方式是一個走一個追（pursuer-distancer）。追的一方應屬於焦慮型，比方說追的是女士，她擔心自己是否可愛，很希望從男士身上得到自我接納；若然男士是安穩型，在相愛關係中，他可能透過提供一個安全的承載環境（holding environment），讓女士的焦慮可以因被愛和被接納而得到醫治。當然，這是很理想的情況。

反之，若男士是輕視型，他習慣以逃避親密來保護自己，追求獨立和自由的空間，女士追得他愈緊，他就走得愈遠。日子久了，女士可能從焦慮型轉變成恐懼 —— 逃避型，而她對男朋友的看法，也由最初的正面，經過很多次被拒絕的經驗後，慢慢看成他是負面的。

安穩型的相依關係有助人際和諧

如果把相依關係應用到一般人際關係上，可以如此理解。

第一，穩定的相依使我們對相聚有更正面的看法，與人相處時，也會以親密接近作為相處的目標。這方面的行動多了，自然加強人際相處時的滿足感。

第二，穩定的相依關係促進我們對自己和別人都抱持正面的看法。這些正面的看法能夠幫助我們更有效地處理雙方的衝突，間接幫助我們維持滿足的人際關係。

第三，我們有一些心理需要，例如對外面世界的探索（exploration）、與朋友親人的密切接觸（affiliation），以及關心別人（care giving）等，都有賴一份穩定的相依關係來滿足。當我們這些需要得到滿足，也間接增進人際關係上的滿足。

歸根究底，當我們從父母身上得到安穩的相依關係，最大的得益是形塑對自己正面的看法。當我們嬰孩期的需要，就是人基本的需要，包括營養、情感和肌膚的接觸、擁抱等，都得到父母，尤其是母親的滿足；當我們感受到母親隨傳隨到，總是把一切的專注力投放在我們身上，付上一切，來滿足我們的需要時，我們會感到這世界是安全的，我們是可愛、值得被愛的。

這安穩的相依關係延伸到我們長大後，成為一個獨立的人，可以流露出一份自我接納的表現。當然，要是童年嚐不到這份安穩的相依，亦不代表我們不能重獲那份自我接納的自信；因為上天有厚生之德，我們成長的過程也許會出現一些貴人、師長，我們從與他們的關係中，重新經歷這種被接納的感覺，以致我們慢慢重拾這份自我的接納。

不安何處來

我們可以從一個人的不安全感（insecurity），看出他缺乏自我接納。缺乏自我接納的人，通常在童年時，得不到父母的讚賞；感到父母對自己的接納是有條件的；有很多事情，父母都不允許他去做；他經常覺得自己是骯髒、懦弱或沒有價值的。

譬如一個小孩子意氣風發地向父母顯示自己自豪、得意的傑作，卻遭到父母批評、不予理睬，甚或只是看一眼卻沒有表示欣賞；在小孩子的心中，會留下不少羞恥和不安的感覺。有些人說：「我們人性的完美，大部分是被後天經歷所摧毀。我們的人性，在搖籃的日子已被侵犯。我們從父母認識自己的名字和本性，但他們能教曉我們什麼？試問哪一個家庭的愛，不是與我們的自然渴求背道而馳？」

我們的父母，畢竟是不完美，他們也有自己的情緒困擾和限制。

但是，即使一個人帶着不安全感覺，只要尋着願意無條件接納他的人，也能重新找到那份成長的自由，學懂珍惜自己、愛自己和改善自己。

無條件接納的威力

人文主義心理學家 Carl Rogers，可說是提倡無條件接納這信念的表表者。他發現：

「我若更多地接納和理解那人，就更能創造一份他可以運用的關係。接納是一份帶着溫暖的尊重，相信那人有一些無條件的自我價值——不論他的境況、行為或感受如何。這代表一份尊重和喜歡，尊重他是一個獨立自主的個體，他可以擁有獨特的感受；也尊重他此時此刻的態度，不論是正面還是負面的，不論這與他過去的態度有多矛盾。接納這人的搖擺不定，給他一份溫暖和安全感，他不用擔心個人不被珍惜。

當達到這情況，我便成為那人的同路人，陪伴他穿越驚恐的繩索，而現在他已有這份自由踏上。」

基督教的《聖經》也記載了一件相類似的事件，一個行淫時被拿的婦人如何被接納，以致後來重新做人的經歷。

文士和法利賽人把一個行淫時被拿的婦人帶來，叫她站在人羣當中，就對耶穌說：「夫子，這婦人是正行淫之時被拿的。摩西在律法上吩咐我們，把這樣的婦人用石頭打死。你說該把她怎麼樣呢？」他們說這話，乃試探耶穌，要得着告他的把柄。

耶穌卻彎着腰用指頭在地上畫字。他們還是不住地問他，耶穌就直起腰來，對他們說：「你們中間誰是沒有罪

的，誰就可以先拿石頭打她。」又彎着腰用指頭在地上畫字。他們聽見這話，就從老到少一個一個地都出去，只剩下耶穌與那婦人。

耶穌就直起腰來，對她說:「婦人，那些人在哪裏呢？沒有人定你的罪嗎？」

她說:「主啊，沒有。」

耶穌說:「我也不定你的罪，去吧，從此不要再犯罪了！」(《聖經‧約翰福音》8章3至11節)

原來不被定罪與不再犯罪是緊扣的。一個人被接納的時候，就有那份改變與成長的動力。

成長促進者給予我們安穩相依的經歷

事實上，成長的動力可以透過與一位「成長促進者」(growth promoter) 的接觸和引導產生出來。這位成長促進者以自己的真我待我們，無條件地接納我們，以建立我們的成長及心靈健康為目標。這行動不帶侵略性，只為我們的好處，如此才能引發我們內心成長的動力，跨越成長的阻力，邁向成熟。可說是一次安穩相依關係的再體驗。

心理學家 Clark Moustakas 用了三個詞語，描寫這些成長促進者的不同面貌：進入（being in）、支持（being for）、同行（being with）。

- **進入（being in）**：願意進入成長者的內心世界，對他的思想、感受抱開放的態度。不論他表達什麼，都完全不帶批評、分析或評估，讓成長者感到被擁抱和接納。

- **支持（being for）**：成長者感受到助人成長者是自己的盟友和擁護者，得到他的支持；成長者願意不斷探索未知的前路，因為他知道有一位經驗豐富的嚮導引導他。

- **同行（being with）**：一種尊重人與人之間差異的基本態度。

無論成長促進者多麼願意進入成長者的世界，彼此之間仍然有基本的差異。雖然兩人能一同分享和探索，但有時候彼此的觀點會不同。這也是一個機會，讓成長者與成長促進者分別出來，找到真我。

當我們分享自己的掙扎和感受時，成長促進者表達接納，我們就慢慢學會自我接納。有了自我接納，成長的動力就有機會引發出來。

如果你想成為別人的成長促進者，可以學習接納另一個人的感受，以實際的步驟來說明：

- **承認**（acknowledge）成長者有這份感受。
- **接納**（accept）成長者的感受沒有好壞之分，是內心的真實流露。
- 成長者**有權**（entitled）擁有和表達這些感受。有一些人會羞於表達某些感受，例如：憤怒、喜樂，他們認為自己不配擁有這些感受，於是不敢表達。成長促進者就是讓他們享有表達感受的權利。

- **確認**（validate）成長者的感受。促進者要讓成長者知道，如此表達感受是合適和有需要的。例如，促進者可以回應説：「你在這情況下有這樣的情緒反應，是很合理和可以了解的。」這樣，成長者的經驗就得到肯定，知道自己也需要認識怎樣對待自己。

這樣，成長者的感受在不被忽略、輕看的情況下，感受到自己的價值所在，逐漸達到自我接納，這正是一個人的成長契機所在。

讀到這裏，你會想在生命中曾否遇上成長促進者。要是你遇上了，值得慶賀；要是未遇上，可參考第二部分有關師長的章節。不過，你也可以成為別人的成長促進者，幫助人自我接納。

做回自己

自我接納（self-acceptance）或自我尊重（self-respect），是一種發自內心的信念，相信自己是完整、有價值的。一個自我接納的人，擁有一份安全感，讓他感到滿足，既可以與人建立親密關係，亦能安然獨處。

一個自我接納的人，對自己的能力有自信，卻不傲慢。對於自己是一個怎樣的人，他感到釋然；他的自我價值不容易動搖，甚至不介意嘗試一些自己不太勝任的事，也不需要以「抬高自己，貶低別人」的手段，來建立自我。

一個自我接納的人，是一個獨立、自然流露和自我尊重的人。他做很多事情，都是發自內心的，不需要倚靠外在的肯定，也不需要為了討好別人而做或不做某些事情。這樣的人，能在人前人後做回自己。

一個人有了這份自我接納，可說是為成長的階梯奠下重大基礎。他可以像一隻青鳥，任意翺翔；他的成長天空，非常廣闊。

你能做回自己嗎？

可悲的現實告訴我們，能夠自我接納的人不是太多。或許你可以嘗試回答以下問題，看你自我接納的程度如何？

有關自我接納程度的問卷調查

1. 你有否為你的能力或成就感到尷尬？ 是／否
2. 你會否把自己應得的讚譽歸給別人？ 是／否
3. 你會否抬高本應與你同等或比你低微的人？ 是／否
4. 你是否無法堅持你本身一向所堅信的事和物？ 是／否
5. 當你犯錯時會否感到沮喪？ 是／否
6. 你是否容易被其他人弄得沮喪？ 是／否
7. 你是否有一個令你感到不自然的暱稱？ 是／否
8. 你會否倚賴其他人加強你的意見的説服力？ 是／否
9. 你是否認為別人不會覺得你有吸引力？ 是／否
10. 你會否認為別人對你好是出於善心或是有其他隱藏的企圖？ 是／否
11. 你會否因為害怕影響別人對你的看法而不敢説不？ 是／否
12. 你會否因為害怕把事情鬧大而敢怒不敢言？ 是／否

以上的問題，答「是」愈多，就代表你自我接納的程度愈低。

本章參考書目

Anderson, R. S.(1990). *Christian who counsel: The vocation of wholistic theory*. Grand Rapids, Mich.: Zondervan.

Howe, D.(1995). *On being a client: Understanding the process of counseling and psychotherapy*. London: SAGE Publications.

Kahn, M.(1991). *Between therapist and client: The new relationship*. N.Y.: W. H. Freeman and Company.

Moustakas, C.(1995). *Being-in, being-with, being-for*. Northvale, N.J.: Jason Aronson.

Nichols, M. P.(1992). *No place to hide: Facing shame so we can find self-respect*. N.Y.: Simon & Schuster.

Rogers, C. R.(1986). *On becoming a person: A therapist's view of psychotherapy*. London: Constable & Company Limited.

別人都說我很難相處

從人際流動看過度防衛

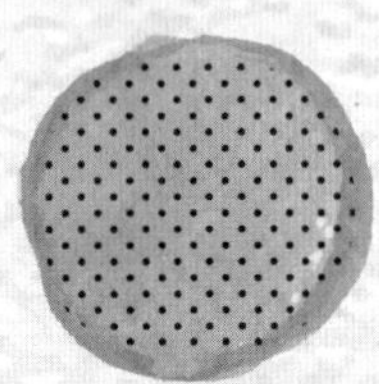

人際焦慮與人際間不健康的流動

我們的成長不一定是一帆風順，父母也許會因為種種緣故，未能給予子女一個安穩的相依關係；當我們在家庭關係中感到被拒絕與忽略的時候，內心就會產生一種人際間的焦慮，為我們的成長帶來破損，為了面對這人際的焦慮，會產生「自我」不肯定，表現在人際互動中的不同流動，這也是心理學家 Karen Horney 研究個人成長時，一個重要的貢獻。

我會簡介她對人際流動的分析對我們成長的啟迪，先從一些人際的現象説起。

你有試過在不同的羣體生活中，如大學時的學會、工作間的同事、或朋友圈子中遇上一些人，或一些人的表現令你感到不同程度的渾身不自在？例如，有一些人經常説一些討好、讚賞人的説話，聽多了你會疑惑這是不是出於真誠的讚賞，抑或只是為了討好人，覺得自己不及人而發出的。又有一些人很容易對別人的評語很敏感，覺得別人針對他，立即擺出一副戰鬥格，要與你拚個你死我活，甚至咬着對方一兩句説話不放，令人以後不敢惹他。除非是工作上必定要接觸的，否則你必然避之則吉。另外有些人在羣體中經常抽離自己，不單是因為性格內向，而是他好像根本不想與任何人接觸，這些人給人一種高傲的感覺，彷彿百毒不侵，你自然也不會跟他交朋友，免得被拒。

又或者你是這種人？別人感到你充滿防衛性，不容易傾談，不容易相處？曾見過一些人，在羣體內待了多年，也是獨來獨往，別人問候或上前寒暄，他説了一兩句就打發別人走，讓人落得灰頭土臉。是什麼因素使我們變得不容易相處？

不容易相處，很大機會源自我們與人相處時的焦慮，結果防衛過強，反應過敏。

三種人際流動

心理學家 Karen Horney 提出，人際的三個流動（3 Movements）包括：走向（towards）、走離（away），以及敵對（against）。這是一個頗有見地的人際互動分析系統，要是我們明白箇中的原則和方向，便能夠洞悉自己在人際間的需要和障礙、或困難所在。我曾於《改寫未來的 9 種生存力》介紹過，在這裏再描述一下她這套理論的基本理念，以及如何應用到成長和人際問題上。

被拒絕的童年

Karen Horney 1885 年生於德國漢堡，父親是一位船長，母親則來自上流階層。父親寵愛哥哥，讓她自小感到缺乏父愛，只感受到母親的愛護，致使她心底裏有一份不被需要、不被愛的強烈感受，這成為她日後發展這套成長理論的材料。在十二歲的時候，她與本來關係要好的哥哥決裂，令她幼小的生命初嚐情緒低落的滋味。

她父親是一位嚴謹基要派信徒，認為女人比男人卑下。盛怒的時候，他會將《聖經》擲向太太，這導致 Karen Horney 對宗教和權威人物抱懷疑和負面的態度。她經常感到遭受不公平的對待，哥哥享有的自由、權利和教育，她需要努力爭取才能得到。幸好，母親支持她受教育，這成了她日後要成為女強人角色的基礎。她被父親拒絕後，要跟哥哥競爭，以她的聰明在學業上超越哥哥，卻成為一個反叛的女孩。

後來，她成功考入醫學院，並開展心理分析的事業。她是少數著名的女心理分析師，並有不少重要的著作。不過，她的理論沒得到廣泛和合理的推廣。

這裏介紹的人際流動理論，主要收錄於她的著作：《自我的掙扎》（*Neurosis and Human Growth*, 1950）。

心理健康的人與神經過敏者的分別

Karen Horney 認為，一個人若在童年得到父母的愛，親密需要得到滿足，就能夠健康快樂地成長；在得到接納和肯定之下，可以做一個真正的自己（real self），日後可以實現自我（self-realization）。反之，童年得不到父母的愛和接納，他會發展出一種對父母基本的敵意（basic hostility），這敵意會轉化成對自我的不肯定和焦慮（basic anxiety），也是一個人神經過敏的由來。

人為了解決這基本的焦慮，會擺動於一個鄙視的自我與理想自我之間。如下圖：

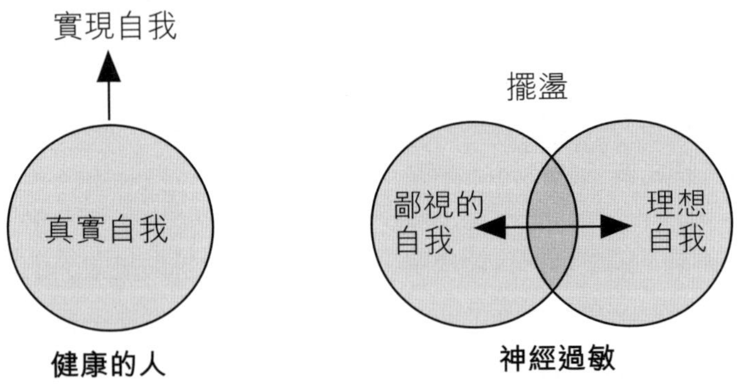

她有關理想自我（ideal self）的説法，與我們的一般理解有所不同。一般的理解是，理想自我是一個人對自我發展的一種憧憬，Karen 卻看為這是解決基本焦慮的過敏反應，是自我防衛的機制。

這也是她對三個人際流動的精彩分析所在。

為了解決基本的焦慮，她指出，人們會有三個不同的選擇 ——

走向他人（moving toward people）：背後的動機是「你若愛我，你就不會傷害我。」（If you love me, you won't hurt me.）

敵對示人（moving against people）：背後的動機是「若我有權力，無人能傷害到我。」（If I have power, no one can hurt me.）

走離他人（moving away from people）：背後的動機是「若果我退縮，就沒有什麼可以傷害我。」（If I withdraw, nothing can hurt me.）

我們比較健康與過敏的流動，就可以看到背後的不同動機。前者是因應處境需要而作出調節，後者是強迫性及過敏性的追求，也是一種自以為理想的自我。

	正常的自我防衛（Normal defenses） ↓ **自然的流動**（Spontaneous movement）	**過敏的自我防衛**（Neurotic defenses） ↓ **強迫性的流動**（Compulsive movement）
走向他人	友善和可愛的性格	遷就他人，貶抑自我的方案 **理想自我的表達**：順服成為良善、愛和神聖的追求
敵對示人	在競爭性的社會的生存之道	攻擊型性格，自我膨脹的方案 **理想自我的表達**：攻擊性轉化成力量、領導、英雄和無所不能的追求
走離他人	獨立自主，悠然自得的性格	抽離型性格，退隱的方案 **理想自我的表達**：抽離轉化為智慧、自足和獨立的追求

這些理想自我的追求和表達，看似不是什麼問題；但要是當事人過敏地追求光榮（the neurotic search for glory），就是不顧一切追求完美、無盡的野心，以為一定要將對手打敗，覺得擁有這種理想自我是理所當然的，也以此為個人的驕傲，這將成為問題。

人與人之間的相處，有時為了保護自己，總有自我防衛的時候，何謂正常的自我防衛？**在平常的日子對人友善；在正常的競爭環境中，懂得自我保護，亦以合法和公平的原則和他人作良性競爭；在朋輩壓力中仍能保持自我，悠然自得。**

相對健康的人，過敏的人內裏好像住了一位「應該的暴君」（The Tyranny of the Should），鞭策他一定要滿足自設的要求，內心的焦慮才得到舒緩。這種缺乏彈性和不理會處境的表現，令這些人落入一種痛苦而不自覺的狀態，與他相處的人也會感受到壓力。

走向他人的神經質需要

Karen Horney 對人的觀察入微，她看到這三個基本流動方向下的一些行為表徵，稱為流動的趨勢（trends）。流動的趨勢共有十個之多，可以歸入這三個基本流動之中。有了這些細微的描寫，或者能幫助你了解自己主要屬於哪種流向。

1. 感情及肯定

渴望被人喜歡，取悅別人，滿足別人的期望。有這類需要的人對於別人的拒絕、批評是非常敏感的，害怕別人的憤怒或敵意。

2. 需要一個伴侶去接管一生

需要一個伴侶為中心。有這類需要的人極度恐懼被伴侶拋棄。大部分情況下，他們將愛情的重要性放得極高，並認為擁有伴侶可以解決生活中所有煩惱。

有一位女性專欄作家，自 19 歲起不斷談戀愛，每段感情一完結就急不及待開始另一段。這是以伴侶接管人生的典型傾向。十多年後，經歷多段戀情，又一次戀人與她分手，她開始醒覺，透過閱讀和學習，重新發現自己，重建生活秩序，重訂生命優次。

敵對示人的神經質需要

3. 追求權力

這種人需要追求權力。他們通常讚美別人的長處，鄙視弱點，並利用或支配別人。這些人擔心個人的局限性，怕跌入無助的處境，也擔心出現無法控制的情況。

4. 利用別人

這些人看待別人的方式，是評估可從對方身上得到什麼好處。他們一般會為可以利用其他人的能力而自傲，而且往往透過操控他人來獲得預期目標，其中包括想法、權力、金錢，或性。

5. 追求聲望

需要獲得公眾認可和好評的聲望。他們評估物質財富、個性特徵、專業成績，甚至所愛的人，都是基於這些人事物能帶給他們多少聲望。這些人常常擔心在公眾面前出醜或尷尬的情況，怕喪失社會地位。

6. 個人崇拜

需要個人崇拜的人是自戀的，亦有誇張的自我認知。他們希望基於想像中的自我而被推崇，而不是基於他們現實的自己如何。

7. 個人成就

跟據 Horney 的說法，人們要追求更大更高的成就，是基於缺乏安全感。這些人害怕失敗，覺得需要不斷超越他人，甚至要達到最高的位置，而忘卻自己可能已有的成就。

走離他人的神經質需要

8. 限制一個人的生命於狹窄的框框內

有這種需求的人寧願保持不顯眼和被忽視。他們的要求不高，要的東西很少，避免對物質的渴求；往往把個人需求放在次要，低估自己的才華和能力。

9. 自給自足和獨立

這些人表現出不合羣的心態，與別人保持距離，以避免被束縛，或依賴他人。

10. 追求完美與無懈可擊

這些人不斷追求「零」錯誤。他們的共通點就是尋找個人錯失，然後迅速改變或掩蓋這些缺陷。

子謙在家中三個兒子中排行中間，哥哥和弟弟讀書都十分了得，得到父母的讚許。不過，他有學習障礙，卻沒有及早診斷出來，所以在成長的過程中受了很多因功課和學習不理想而來的懲罰。他為了避免懲罰和得到別人的肯定，就採取了走向他人的流動，事事為人設想，對人十分之好，人人都給他友善和樂於助人的讚許。

可惜，當別人對他有一些批評和誤解，他就會有很強烈的反彈，看他們這種負面反應為出賣，甚至會與這些人斬斷關係，因為他曾待他們如此好。他這種反應是屬於過敏的。經過一段時間的反思，他明白這是他對關係投放過多感情所致，以後有想討好人的傾向時，他會檢視自己對人好背後的動機，是真心待人好，還是要賺取別人的肯定。若是後者，他就提醒自己不要衝動，以免令關係變得敏感。透過重複的自我觀察和控制，他慢慢擺脫了這不健康的流動傾向，做一個在關係中自由的人。

防衞，無可避免？

我們若留意到自己有某一方面的流動趨勢，便要正視。這種趨勢，很可能來自我們成長的家庭或環境，有時我們為了生存和自我保護，習慣用上這些方法面對。

如果我們不想變得難以相處，便要確立自我價值和建立健康的自我形象，這樣，我們就不需要再使用這些傾向求存。當這些反應不期然出現了，我們要提高意識，努力放下這些不健康的表達，糾正之後，試用新的方法與別人相處。

Josephine 是家中的長女，她有一個妹妹。父親是傳統的男人，重男輕女，自小想 Josephine 能擔起長子的角色。於是，她想，我要比別人強。她採取的人際流動是「追求權力」。

她自小讀書名列前茅，但由於不被父親肯定女性的身分，把自己打扮成為 Tom boy 的模樣。她畢業後在父親公司當主管，表現像女強人，下屬都很怕她。但是，在剛強的面具下，她十分需要別人關心和肯定，卻習慣了以強者的姿態示人。別人都覺得她很獨立、自信，沒想過她需要別人的關心。所以，這種流動的方式使她失去對等的人際關懷，她內心常感到相當寂寞。由於外表和性格，她要好的朋友都是女性居多，在這些同性關係中，她亦是擔當強者的角色，她要透過關心人來肯定自己的價值。

後來，Josephine 透過尋索自己人際背後的成長故事，認識自己內裏其實懷着一顆柔軟的心。自從父親去世後，她自覺已經相當成功，不再需要以追求權力的流動與人相處。她嘗試放下自己的面具，改變了與人相處時慣用的姿態，人際關係慢慢變得平等和能相互關心，她也比以前快樂得多。

我們要相信，過去並不會決定我們的將來，有了自我的認識之後，我們可以重新選擇。下一章，我會提供一個核心關係衝突主題（Core conflict relationship theme），解決這些人際不健康的互動，希望幫助你了解自己本源家庭留下來未解的結。當我們能夠重整與人相處的方式，便可以建立健康的人際關係，不再被人感覺難相處了。

我是個難相處的人嗎？

1. 辨別你的類型

1. 我是一個親切的人。
2. 這是一個充滿敵意的世界。
3. 我喜歡獨處。
4. 當我在一段關係的時候，我感覺好多了。
5. 人生是一場鬥爭。
6. 人們説我沒有情緒。
7. 我喜歡別人喜歡我。
8. 我喜歡發命令。
9. 我是自給自足。
10. 我喜歡幫助別人。
11. 只有最強的能生存。
12. 我並沒有真正需要的人，也可以好好獨自過活。
13. 我喜歡同情別人。
14. 我喜歡有能力的感覺。
15. 我沒有任何人陪伴也可以生活得很好。
16. 我是不自私的。
17. 我喜歡智勝其他人。

18. 我寧願獨自上班、睡覺、吃飯。

19. 我願意自我犧牲。

20. 其他人都太多愁善感。

21. 我避免出席派對和社交聚會。

22. 我是一個慷慨的人。

23. 人老是強人所難。

24. 我是一個需要私人空間的人。

25. 我寧願跟別人一起多於獨自一人。

26. 我會在害怕的情況下考驗自己，為了讓自己變得更強大。

27. 我避免別人問及我個人生活的問題。

28. 我很容易原諒，並忘記。

29. 我喜歡一個很好的論據。

30. 我喜歡獨立於他人而活。

31. 我在乎別人對我的看法。

32. 我是不畏縮和勇敢。

33. 我避免長期承擔義務。

34. 如果我被拒絕，會感到受傷。

35. 乞丐讓我生氣。

36. 我感到孤獨。

37. 大多數人比我更有吸引力。

38. 為了在這個世界生存下去，你必須先以自己為首先的。

39. 我討厭人試圖影響我。
40. 我獨自一人的時候，會感到虛弱和無助。
41. 人們往往是靠不住的。
42. 我會儘量避免聽別人的意見。
43. 我會儘量避免爭論。
44. 人們往往是喜歡操控。
45. 沒有朋友或家人，我也能生活很好。
46. 如果出現錯誤，我傾向認為是我的錯。
47. 應該教孩子要堅韌。
48. 當人們不跟我分享他們的想法或感受，我會更自在。
49. 我傾向於成為第一個道歉的人。
50. 這是人生的寫照：最成功的人踩着別人而獲得成功。
51. 沒有人陪伴比有人在一起，我覺得更好。
52. 我需要別人的陪伴。
53. 人們的基本性質是具侵略性的。
54. 我會儘量避免衝突。
55. 應該教育孩子們要善良和有愛心。
56. 我生活中遇到了很多白癡。
57. 應該教孩子自給自足。

答題

很少 1　　有時 2　　很多時 3　　經常 4

遷就型	攻擊型	抽離型
1	2	3
4	5	6
7	8	9
10	11	12
13	14	15
16	17	18
19	20	21
22	23	24
25	26	27
28	29	30
31	32	33
34	35	36 *
37	38	39
40	41	42
43	44	45
46	47	48
49	50	51
52	53	54
55	56	57
小計：	小計：	小計：

* 反向計分

得分平均值：

	一般	男性	女性
遷就型	51.5	50.2	51.7
攻擊型	44.5	46.9	43.2
抽離型	37.5	38.3	37

2. 自我檢查人際的流動：

- 你是平衡、按情境使用這三種流動嗎？

  走向他人：

  敵對示人：

  走離他人：

- 哪一個是你主要的流動方向？
- 與你成長的經驗有關連嗎？
- 你喜歡自己的取向嗎？
- 哪方面的流動你需要增強使用呢？

在你與他人或特定一位人士相處的流動中，請你判斷那是健康或是不健康的狀況。若是不健康的話，你能分辨自己採取的是 Karen Horney 十種流動趨勢（trends）中的哪一種嗎？

花點時間想想，那種趨勢背後，是你怎樣的成長故事？追尋那不健康流動的根源，藉着這個發現，幫助你減少這些不健康的流動，有意識地採取你認為較成熟和正面的表達。

本章參考書目

原著：Horney, K.(1950). *Neurosis and human growth: The struggle toward self-realization*. N.Y.: Norton.

中文版：荷妮著，李明濱譯：《自我的掙扎》。台北：志文出版社，1976。

總是找不到可以交心的朋友

從內化過程看關係衝突

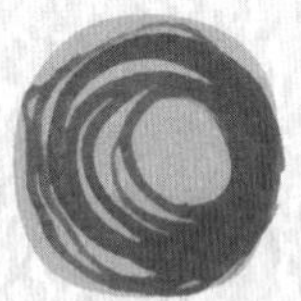

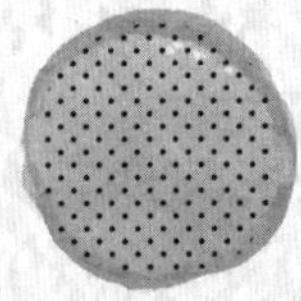

有一個調查訪問青年人，有關人際關係上最困擾他們的事，有人答是無法與朋友交心，找不到真正的朋友。為什麼呢？有時是人長大了，投身工作後變得忙碌易累，無空間發展友誼；有些人覺得職場如戰場，同事不可能成為朋友。但也有可能是，過去一些與人相處的不良模式，影響我們對人的期望，致使無法交心交朋結友。

人際間的內化過程：正反之間

當我們與別人相處時，總會看到他人的強處、優點。透過與人相處和互動，觀察別人的待人處事，我們看到別人有很多可學習的地方。這些不同的人物會在我們的生命中留下影響，稱為內化（internalization）的過程，不同心理學家對這過程的理解或多或少有差異。

內化是一個中性的表達。要是所接觸的人有值得我們欣賞的地方，我們也許會內化這些特質，成為自己的一部分，這無疑是一件美事；但內化也可以將一些不健康的互動，轉化成我們日後人際接觸的模式，令我們帶着負面的互動了解人際的問題。只能藉着反思、修正和成長的過程，才能擺脱這些不良的影響。本章我們會討論內化過程的正反作用。

生命影響生命來自內化的過程

生命影響生命，是非常珍貴的人際相處模式。當我們與不同的人接觸時，對方會在我們生命中產生某一種影響力，如他們是在權位上的，如父母、師長或上司，我們更易受這些對象的影響。社會心理學家 Herbert Kelman 提出了三個不同影響，都與價值觀和態度有關，說明我們人生或處事態度形成與改變的歷程。

Kelman 認為，任何一種態度的形成或改變，都須經過三個階段，即順從、認同與內化。這三個階段也可說是個人行為受人際影響的三個層次。

1. **順從（Compliance）**：指個人的態度在人際影響下，可能因為有獎罰的誘因，只在外顯行為上表示與別人一致，並不從心底裏認同對方的信念。這種情況在工作和學校很明顯，例如，有的中學生在宗教學校唸書，為了討老師歡心而聲稱自己皈依該種宗教，得以在學校擔當重要「職位」，及至一畢業，便放下信徒的身分。

2. **認同**（Identification）：Kelman 的解釋是從人的知覺與人際吸引的觀點，說明認同與態度形成的關係。個人之所以主動接受某人的影響，形成一種態度，或改變自己的態度，主要是因為喜歡某人，對這位對象有好感，或想多親近這位人物，而視之為模仿的對象，並向其認同所致。這在戀愛關係中較常見，譬如有女生明明不愛體育運動，由於男朋友愛看球賽，她便投其所好，穿球衣或入場看球賽；也見過有女生暗戀一位博學多才的男生，為得其注意，有更多話題而遍閱羣書。

3. **內化**（Internalization）：可以說是個人經情感作用所認同的態度，再與自己既有的態度與價值觀等協調統整的歷程。認同只基於個人的情感表示好惡，而內化則是基於個人的理智辨認是非，多屬於態度的認知，認為自己的取向跟這位人物是共通一致的。或者說，這人物所擁有的態度行為已成為自己的一部分。有一些青年人初出來工作，遇上能幹及有才華的上司，便會刻意效法其言行和工作方式，甚至深深受其待人處事影響。

這種內化的過程屬於一種良性的學習，最常見的內化對象是英雄人物或我們的師長，我們聽其言，觀其行，可以從他們身上感染他們對事物的態度，一舉手一投足，都可以成為我們學習的目標。

我年輕時喜歡唱詩歌，參加教會的詩班，詩班是有指揮帶領的，我從不同的指揮身上模仿指揮的動作、對歌曲的詮釋，對音樂的熱誠。其中一位老指揮説，指揮是不能教的，只能捕捉的（Conducting cannot be taught but caught），我想就是這個意思。

多個認同對象，一個我

在成長過程中，我們都會遇上不少真心欣賞的對象，衷心的想學效他們；不過，慢慢會發現，不是所有他們所謂「好」的東西，都必然能整合在自己生命之中。例如，我可能欣賞某人的領袖風範，很想將他的特質內化在自己生命中，但原來這個「我」，並不是「他」，不可能照單全收，只可以有限量的將他融合（assimilation）在自己生命性情裏。

可幸的是，我們身邊有很多可學效的對象，不過獨特的「我」，只得一個。在下一章我們便會討論一個自我區分的歷程，像《聖經》中的大衛打巨人歌利亞的時候，不能穿上掃羅的戰衣，因為戰衣是他的，穿在自己身上就是不稱身，決定做回牧童的他，輕身應戰，才是最適合自己穿的戰衣。

內化人際相處的互動

內化這個心理現象，除了是指我們會內化某個人物的態度、價值觀和行為外，也會內化了一種相處模式。就是當我們與人相處互動時，把與對方的相處模式內化，這種模式大多數來自我們童年早期與父母關係的影響，即使我們長大成人，也持續受這些關係模式影響。

要理解當中道理，可以參考一套稱為客體關係理論（Object relational theory）的內容。這套理論比較深奧，我只陳述最基本的理論。

客體關係理論主張，我們行為的原動力在於「尋求關係的建立」（object seeking），這與弗洛依德（Sigmund Freud）所強調「快樂的尋求」（pleasure seeking）截然不同。

我們這個個體在早期與重要的他人互動時，得到的經驗（尤其是與照顧者之間的互動經驗），會成為日後幾項個人發展的重要基礎，包括個人的自我概念（self-representation）、對他人的心理意象（object representation）、情緒發展與親密關係發展。

早期的親子互動型態對於個人生命「劇本」的發展具關鍵性的影響，且會在日後的親密關係中重演。這是前文提到內在化了的人際相處互動模式。

在這理論中的「客體」(object) 是個體以外，能滿足個體需求的重要他人或事物。童年時的客體，就是我們的父母或主要照顧者。他（它）是一個被投注情感能量的人物、地方、東西、想法、幻想或記憶，投注的情感能量可以是愛、恨或是愛恨複雜的交織。

內化是我們作為一個個體，把外在的客體加以內攝，從而形成內在的認知表徵或映像（internal image），也就是客體心理意象（object representation），在與這客體相處互動的時候，會形成自我內在心理意象（self representation）。

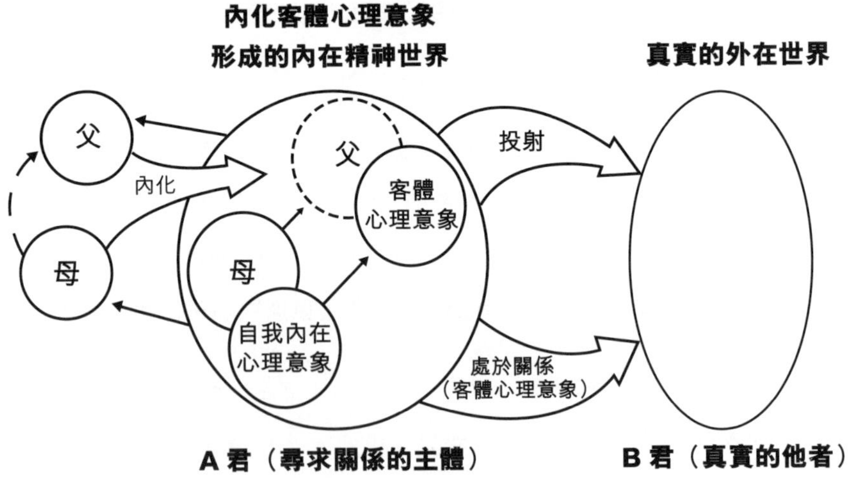

簡單來説，這客體關係包含三方面：

第一，個體心裏對客體的感受，稱客體心理意象（object representation）。例如，當母親餵養幼兒時，幼兒的心象是「我母親是一個好的客體（good object），因為我肚餓時她會給我奶喝。」

第二，個體對自我內在心理意象（self representation）。例如，幼兒的心象是「因為媽媽滿足我的需要，我一定是好的」。

第三，是個體和客體的關係互動，例如，幼兒心裏感受是：「我愛我的媽媽。」

不過，不是每個人成長時都得到好好的照顧，所以，有時我們的客體關係是負面的。例如，因經歷不友善的對待，使個體對自己的心理意象是負面的，認為我不夠好；對個體和客體的關係互動，會理解為身邊的人不會接納和愛我，我不受他人歡迎等想法。

人際內化的過程通常形成於嬰兒期。經過童年及青少年的階段，人際相處的慣常表現就會更穩固，仿如自動按鈕般，在不同的人際互動中，也會表露這些內化了的心象的蛛絲馬迹。

這些心象形成了之後，即使我們長大與其他人接觸，也會把老早形成的內裏心理意象投射到外在世界的他人，如老師、朋友、戀人等。透過投射認同的機制，重演早年在我們內心形成的劇本。

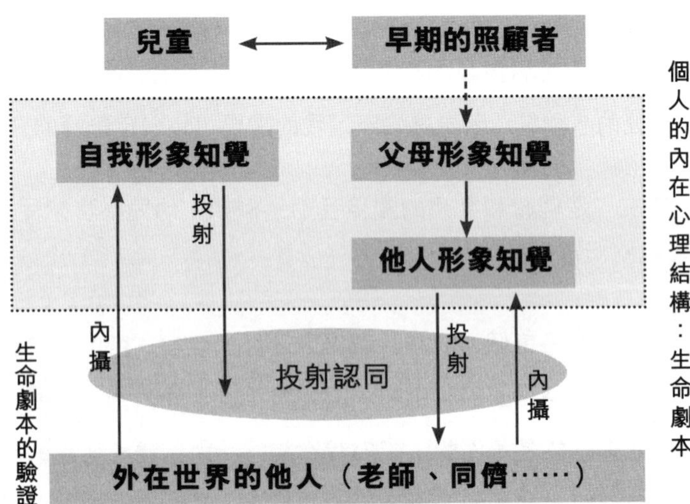

這個生命劇本是透過不同的心理現象和機制組合而成的。包括：

- **投射**（projection）：一種會把個人想法或情緒加諸於他人身上，以為別人有此情緒或想法的幻想。嬰兒會將不易辨識或具有毀滅性的情感，投射到外在客體上，減輕個人內在的焦慮或衝突。

- **分裂**（splitting）：嬰兒把不相容的衝動分別開來。為了要把好的與不好的客體分開，嬰幼兒發展出「good me」與「bad me」兩個意象，以便他們能處理對於外在客體的愉快的與破壞性的衝動。

- **投射認同**（projective identification）：嬰兒把他們不能接受有關自己的部分區隔開來，並將它們投射到另外一個客體上，再以一種改變或曲解後的形式內射到自己身上。個體從客體的回應，認同了那原本屬於自己的一部分。

分裂對於兒童既有正面，也會有負面的影響。如果分裂不是那麼極端和僵化，對嬰兒或成人來說可以是一個正向且有用的心理機制。這種分裂的機制可以使人看到自己的正反兩面、判定自己行為的好壞、區分喜歡的和不喜歡的相識者。但如果分裂是過度的、沒有彈性的，則將會產生病態的壓抑。

對於嬰兒來說，母親是他好的客體（good object），因為母親乳養他，給他親近和安全感。這時候，嬰兒就對自己有一個好的感覺（good me）。不過，母親也有做得不好的時候，例如未能在身旁安慰他，他便看這為不好的客體（bad object），因為母親對他太重要，他比較難接受母親是一個不好的客體，他能夠解決這矛盾的方法，就是看自己是一個不好的我（bad me）。

至於投射認同，最常見的例子是我們不能接受自己憤怒一面，透過投射，把憤怒投射到身邊的人身上，然後批評這位朋友很憤怒，這位朋友可能因為被誤會而真的憤怒起來，這樣，個人再一次肯定自己是沒有憤怒，憤怒的是對方。

核心關係衝突主題

對一般沒有心理學基礎的人，以上的理論可能不容易明白，我發現一個簡單的模式，能夠幫助我們了解這些微妙的互動。這模式稱之為「核心關係衝突主題」（Core Conflict Relationship Theme）。

這模式以三方面的反應作分析，第一是當事人的渴望（wish, W），他預計其他人對他渴望的反應（response from other, RO），他因為別人的反應而對自己的回應（response from the self, RS）。

例如有一位女士，她雖然想獲得身邊人的認同和欣賞（W），但卻不敢表露自己的成就，恐怕其他人會覺得她所做的微不足道或不值一提（RO），於是她產生一種傾向，與人保持距離（RS）。最終，她在人際關係中經常感到失望和被忽略。

用客體關係的角度，她的客體心理意象（object representation）是輕視，認定別人會輕視她，而自己的內在心理意象（self representation）是不受歡迎的，她的人際互動是隱藏退縮的，將自己不受歡迎的一面投射到身邊的人，身邊人因為她的退縮，又彷彿真的忽略了她，這就是投射認同（projective identification），最終她內心的客體關係模式，自然而然地得到確認。

再舉一例，最近這位女士在公司作一次公開演講，她因為這種種心態，把機會讓給另一位同事。細問她的經過，原來她渴望可以作公開演講（W），可是預計別人會認為她所講的沒趣味，就自動退縮，不去爭取這機會。

當我們了解她的成長背景，發現這種心象，來自冷漠的父親。自小她很想得到父親的讚賞和肯定，父親卻沒有滿足她這方面的需要。一個不好的父親（bad object representation）的客體心理意象形塑在她心裏，她的內在心理意象，是看自己不夠好（not good enough）的自我形象（bad self representation）；結果，在人際關係中，她不會期待別人對她好。事實如她所想的，一方面是她創造的自我實驗預言（self fulfilling prophecy），又或者她潛意識找一些像她父親性格的人相處，令她一次又一次印證自己內裏的客體關係。直到她發現這是她童年遺留下來的問題，才慢慢從一些真心對她好的人身上，將這些心象慢慢糾正過來。

內化關係的投射問題在於被投射的人可能並不是如你所想的一樣，只是當你將他拉進你心中的形態之後，他一些像你心目中對稱的反應，就加深了你對個人想法的信心，覺得對方真是以這種態度與你相處。這種投射的壞處是令與你相處的人有一種被「屈」的感覺，即使想向你解釋，又得不到你的聆聽和認同。最終，他們會為了避免衝突而與你疏遠，而你又繼續活在自己所認為的世界，人際間的障礙由此而生。

尋找你的關係模式

我們成長時的確會不經不覺內化了一些人際關係模式，可以藉多留意自己經常出現什麼關係衝突的主題去發現。試問問自己最強烈的渴望（W）是什麼，最常預計別人的反應（RO）是什麼，你最多給自己的反應又是什麼（RS）。或者以下一些提示字句能幫助到你。

衝突核心主題

個人渴望	預計他人的回應	自己對別人回應的反饋
獨立	強勢	我很能幫忙
敵對他人	操控	我是不被接受的
受助	失望 / 憤怒	我感到被尊重、被接納
冷淡、疏離	不好	我是被敵對的
親近	拒絕	我充滿自信
被愛	願意幫忙	我感到無助
感覺良好	喜歡我	我感到失望、失落
有成就，能助人	諒解	我感到焦慮

當你找到自己的主題時，花點時間想想為何經常預計別人會這樣看待自己，在你過去成長的階段，有哪些人這樣待你？現在的你跟當時的情景已有很大分別，你也成長了不少，你可以有更多選擇呢！

有一位女士，自小常給父親大聲呼喝責罵，因此每遇上「聲大大」的男士，她就非常抗拒，甚至嚴禁粗豪、高聲說話的男士走近。後來，她在工作遇上嚴重問題，不少同事挺身支持、出手相助，其中包括她抗拒的男同事，她才逐漸接納這種同事。當她離職時，甚至能親身向這些同事道謝。

或許你在人際關係上，常感到難以遇上能交心的人，這個理論可以給你一個方向，你也許纏在一些過去的不良的關係模式裏，請你嘗試梳理，說不定會發現，你與身邊人並不一定要這樣相處，這樣你更容易找到好朋友呢。

或許在你與這個內化了的關係模式糾纏的時候，一則網上的故事能給你一些鼓勵。（https://www.facebook.com/boss3200/photos/a.171429419536790.42107.171140122899053/864587356887656/）

學習面對別人

如果你發現我還在這裏，那是因為我曾經遇見一位老天使，在我生命最徬徨的時候，告訴我一個真理。

人的一生有許多課題，裏面有等待我們完成的功課，如果功課做得不好，就無法晉級，會重複地反復地在做同一項功課，直到我們完成它。有點像小時候的數學功課，老是不懂什麼是雞兔同籠，為什麼牠們有幾隻腳跟我的童年有那麼大的關係。

我總是在人際關係中跌倒，不會做一個阿諛諂媚的人，不會把自己變成水，可以裝進任何容器裏，不曉得在阿諛諂媚與正直之間，原來我還有很多選項；於是當我無法忍受主管的反復無常，看不慣主管假公濟私，我便決定離職。

在遞辭職信時，我在樓梯間遇見別的部門主管，我與他僅有數面之緣，我向他微微一笑，點頭招呼。他看見我手上的辭職信，一臉驚訝，對我說：「如果你另有高就，那恭喜你，如果是為了你們部門的主管，那你可能要考慮一下；你一定要學習如何與不同的人相處，不然你老是會遇見這種人，然後手足無措。」

他這番話，我一直放在心中，當然我沒有離職，我練習着如何與我的主管相處。雖然我仍舊不認同一些違反我真性情的事情，但我不反抗，我看見事情好的一面，我和主管之間也從對立變成平行；我不苟同他的工作態度，但因此我更加警惕自己，不要變成這種混水摸魚的上班族。

我還是經常遇見我的老天使，他依然帶着一副酷酷的表情，雖然我沒有開口向他道謝，因為他總是面無表情；但是曾有這麼一天，我曾在樓梯間，遇見他那顆溫暖的心，融化了我原本冷凍而充滿稜角的心。

如果你看見我還在這裏，那是因為我還沒準備好下一步的路，但是我不會因此而不長進，環境雖然沒有變，但是我會開拓自己成長的機會。

如果你發現我離開這裏，請祝福我，因為這代表我已經發現下一步該怎麼走！

我抱持着什麼人際關係模式？

1. 試回顧你的成長歷史，列舉一些你欣賞的人物，不論是師長或朋友，書本中或傳記中的人物，他們可說是你心中的英雄或模範。在他們的名字下寫下三項你欣賞他們的性格或特質。然後整理一份清單。看哪些特質是否已內化到你生命當中。有什麼地方你想發展更多？

2. 試從你一些不算暢快或和諧的人際關係中，用核心關係衝突主題來檢視自己。

    - 你對這段關係有什麼願望（wish）？
    - 你預計他人的反應如何（RO）？
    - 你最後如何對自己（RS）？

    試回想這些關係中的主題，與你成長的經歷有關嗎？哪些願望合宜嗎？對其他人的反應，你的解讀是否合乎現實？你除了慣常對自己的反應之外，有沒有另外的可能？

容易在羣體內受傷

從自我區分看羣體關係

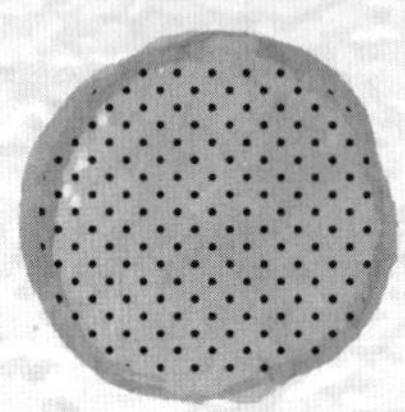

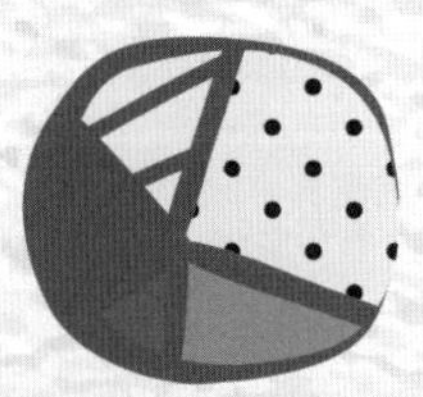

在羣體中成長與自我區分

這是我？這不是我？

我認同這些，我不認同那些……

我們就在這些自我提問中，將自己區分出來，成為一個獨特、有個性、有自我色彩的個體。

曾遇上一位女生，她在學時接觸過一所機構，受其培育，也羨慕裏面的成員，用心工作。由於她一直心儀這所機構，一畢業便考進去工作。她工作時非常投入，即使工作與她的職位毫無關連仍盡力去做；但工作了一段日子，她感到非常失望，發現機構沒她想像般美好，工作也不如她想像般有意義，遇上的人有的十分虛假。後來，她辭職了，好一段日子很失落，自我療傷了很長時間才能復元。自此，她對羣體非常失望，開始做自由工作者，不想再加入任何公司了。

人不是孤島，我們不能從羣體中抽離去獨自生活。一個良好的羣體生活，不單使我們感到與他人的連繫，更供給我們一個成長的園地；人際疏離則是現代人心理困擾的最大主因。

我們從出生到長大成人、進入社會工作和建立自己的家庭，都是在不同的羣體中進出。

第一個最親密的羣體是家庭，家庭給予我們一個穩固的基礎，在其中學習到自己的性別角色與責任，學習與兄弟姊妹既和睦共處，亦健康地競爭。父母能否給我們一種健康的情感連繫（emotional bonding），是這階段最重要的基礎。

第二個羣體，是幼稚園的生活吧！我們離開熟悉的家庭，進入一個有很多小孩子的世界，與他們一同唱歌、遊戲；學習遵守學校的規矩，在遊戲中學習羣體合作、遊戲規則、社交技巧等。接着是不同階段的學校生活，小學、中學、大專，在不同的階段裏，我們有不同的人際學習。小學期間，我們學習在學業上與同學競爭，小息時與其他同學遊玩，課餘時建立友誼。在中學的課餘活動中，我們開始發展個人興趣，朋輩的影響亦增加，開始追求潮流文化等。大專是我們追求事業興趣及異性的階段，社交技巧也漸趨成熟，對社會的認知也擴闊。

工作的世界是另一個很大的羣體，面對公司的文化與同事上司間的關係，學習與人合作、在隊工中發展自我等。然後，可能我們會組織家庭、養兒育女，建立自己家庭的文化和羣體生活。這就從家庭到學校、社會，然後歸回家庭，完成了一個羣體進出的循環。

當然，以上只是對不同羣體的大概檢視。**在不同的羣體生活中，我們會有各種成長和學習，同時亦能找到促使我們在羣體生活中成長的共通元素。**

羣體生活的成長元素

近幾十年來，輔導的需求比以前大了。據基督徒輔導大師 Larry Crabb 的觀察，在我們的文化背後，心理失調是人對羣體生活渴求的呼喊。一個受傷的心靈（damaged psyche）並不是問題的核心，問題在於一個疏離的靈魂（disconnected soul）。難怪在這疏離的都市中，小組輔導工作應運而生。在小組輔導中，小組的組長（輔導員）藉其輔導訓練，營造一個安全、較小殺傷力的環境，讓組員在小組中互相接觸和學習。

這種小組跟現實的羣體生活，有相當程度的分別。在小組輔導中，我們能辨別出不少幫助人成長的元素，稱之為小組中的治療功能（curative factors in group）。林孟平在《小組輔導與心理治療》中有很詳盡的討論，我選取了一些在日常羣體生活中，有可能發生的元素，與大家分享。或許，我們在身處的不同羣體生活中，多灌注這些元素，可以為當中的人帶來很多成長機會。

1. 灌注希望

在羣體生活中，我們不難看到別人奮鬥的故事。別人的努力和進步，對在成長中掙扎的我們，起着很大的鼓舞作用。當看見別人可以克服生活的困難，我們也對自己驟然產生了希望。這情況在教會的小組內比較常出現，各人分享生活掙扎，互相共鳴，互通信息，互相加油面對困難。

2. 同坐一條船的感覺

我們經常有一種錯覺，就是相信自己的問題和經歷很獨特，而且不容易解決。當在羣體生活中，發現有另一個人的掙扎與自己的相似，我們便立刻感到在人生的戰場上，有了並肩作戰的夥伴，能幫助我們跨越自憐和無助的感覺，並能在同路人的鼓勵下，掙扎成長。有些家長小組就有這種作用，透過分享分擔教子的苦與樂，交流教養心得，彼此扶持安慰。

3. 認清盲點

羣體生活中，若能彼此給予真誠回應的機會，我們可以更清楚認識自己。或許大家曾聽過「祖氏之窗」(Johari's Window）吧，當中提到有不少東西是「人知、己不知」的，我們稱之為盲點。若有不同的人客觀和真誠地指出我們的盲點，他們就像一面鏡子，讓我們照清自己的真像，這也是我們成長的契機之一。

認識一個缺乏自我察覺能力的女生，她是一個比較自我的人，也是俗稱有一些公主病的性格，要別人遷就自己，與人相處的時候，比較主導，令身邊新相識的朋友遠離她，她還認為是別人缺乏對人的關懷而不自知。幸好她有一位好朋友，願意冒險向她反映，細心指出她盲點所在，因為她對這朋友有一定信任，所以，能接受她的意見並作出改善，這是透過關係得到良友勸勉的好例子。

4. 家庭關係重整

羣體生活中，我們會不自覺地將自己本源家庭（family of origin）的相處模式，套用於羣體生活中，正如林孟平在書中舉出的例子，組員在小組中看到自己家庭的動力：「有些人在小組中看到自己和父母的關係。而我，最重要的是看到自己和哥哥之間的競爭原來如此劇烈。其實早就想知道我為什麼和那些較我年齡稍長的男性經常難以建立關係，我經常覺得他們看不起我，結果產生衝突。」這也是我在《成長軌迹》內〈清理未了結的帳〉那一章提及的移情作用。羣體生活成為我們重訪那些關係的動力，讓我們可以處理或清理它。例如有位年輕女生，在工作上總難與男上司相處，她發現原是她小時候父親捨棄家庭離去，她與父親關係疏遠，與男上司的相處也承襲了這個模式。

5. 找到仿效的對象

在羣體生活中，不難找到一些我們欣賞、希望學效的對象。在不同的羣體生活中，父母、老師、社團的領袖，這些人物可説是我們的模範，是我們仿效的對象。透過與這些人的生活交流和觀察，便可以為自己定下一些成長的目標。

6. 發展社交技巧

在羣體中我們會遇上不同的相處對象，有些是長輩、有些是我們的後輩。平輩中有競爭的對象和夥伴之分，長輩中亦有權威人物和慈祥人物之分。在這些錯綜複雜的關係中，我們學會與不同的人相處，這也是羣體生活多姿多彩和富挑戰性的一面，也給我們提供了不少成長機會。

不過，在羣體生活中，除了以上的助人成長元素外，也有一個進程，是幫助我們確立自我的。雖然不同的心理學派用不同的術語形容這進程，但大多數心理學家都同意，這是一項重要的發展任務，稱之為「自我區分」（differentiation of self）。

這不單指年輕人要學習離開父母，建立自己獨立穩健的人格；事實上，在不同的羣體中，我們都經歷類似的心理進程。

自我區分的進程

以下我列舉一些相近的概念，它們都是與自我區分的進程有關。

依附（dependence）	獨立（independence）
相聚（togetherness）	分離（separatedness）
相依（attachment）	相分（separation）
羈絆 / 融合（enmeshment / fusion）	自我區分（self-differentiation）
身分認同（identification）	特殊化（individualization）

以上的字眼雖然不同，但表達的概念卻相近。**當我們進入一個羣體，自然很希望成為當中一分子，被羣體接納，甚至與之認同到一個地步，再沒有自我。**就像家庭中新生的嬰孩，需要倚賴母親的照顧，甚至與母親連合為一。若以圖象表達，個體與所結連的羣體或個人是緊緊相扣的。

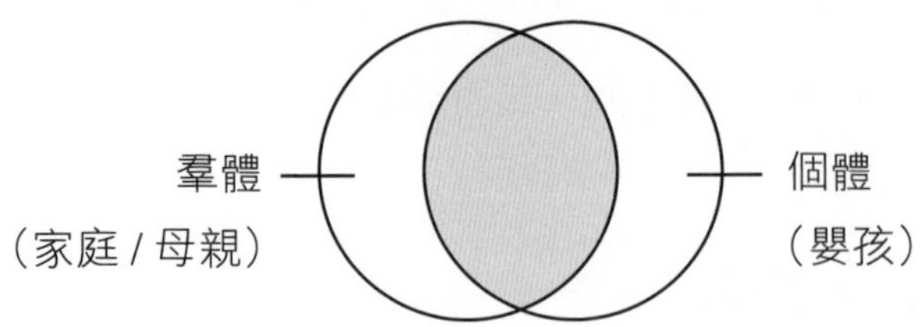

但當孩子慢慢長大，開始學習獨立，他跟母親的區分漸多。在青少年期，這種要與家庭或父母分辨出來的推動力變得很大，父母與子女間有很多意見上的分歧，甚至意志上的抗衡（clash of will）。這是年輕人要確立自我的一個必經階段，父母會感到兒女反叛、不聽自己的教訓。不少青少年的家長均表示，與子女很難溝通，他們只會與朋友溝通，就是這個緣故。若以圖象表示，這關係重疊的地方是相當少的。

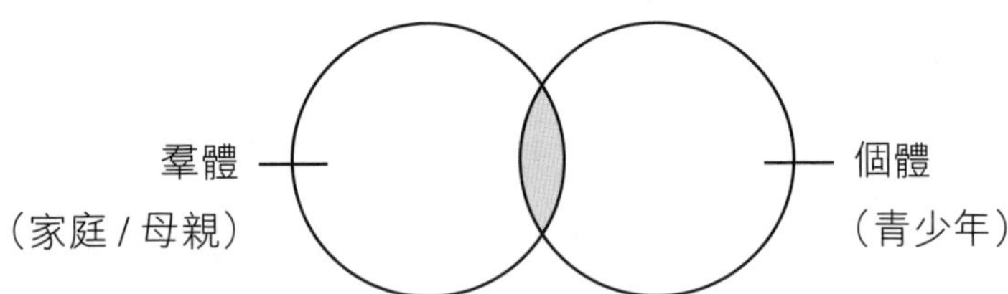

不過，若這進程順利的話，當一個人找到自己的身分和定點，他會有一種安全感；當他回望自己與羣體之間的關係，或許會發覺自己矯枉過正。他對那羣體的接納和認同，會比之前大，慢慢達至一種共融的關係，我們亦用不同字眼如：「成熟的相依」、「相依相分的平衡」來形容。

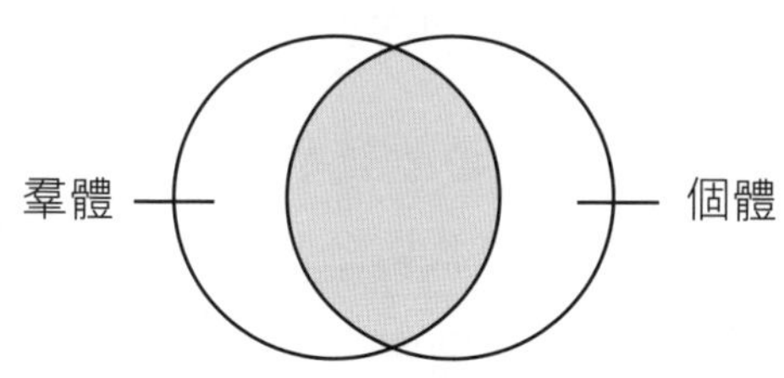

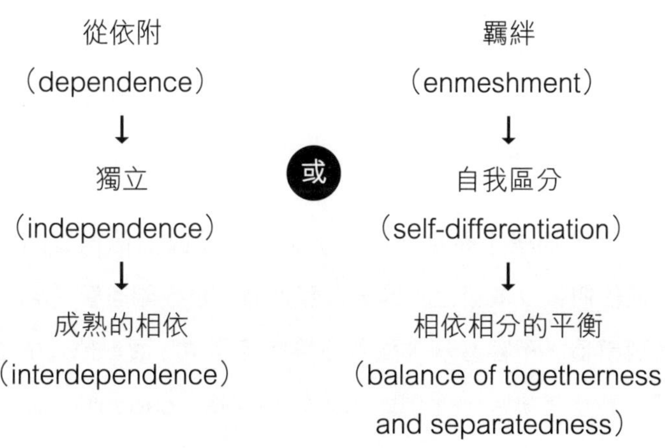

這是我們與每個羣體之間必經的階段。

這自我區分的概念，能幫助成年子女，接納自己與父母在建立自我過程中的掙扎。或許有一段抽離期也不一定是壞事，最終極的理想目標是達至成熟的相依。所以，不少父母會發現，青春期的子女會反叛，眼中只有朋友沒有家人，但當他們慢慢長大，出來工作，又會很重視回家的時光，與父母關係又親近起來。

能夠將自我區分的觀念表達得透徹的，要數家庭治療大師 Murray Bowen 了。自我區分是一個人能把個人的智力（intellectual）和情緒（emotional）功能從家庭分開的能力。根據 Bowen 的說法，一個「低自我區分」的人容易與家庭情感產生糾纏（fusion or enmeshed）的情況。他們要依賴別人的認可和接受。為了取悅家人，情願委曲自己遷就他人，或者試圖強迫別人適應自己。因此，他們容易受到壓力，情緒容易出現過敏的反應（emotional reactivity）。

反之，**那些「高自我區分」的人，認識到他們雖然需要別人，但他們較少依賴他人的認可和批准，也較能理智（rational）地處理事情，不容易落入強烈的情緒反應中。**面對他人的衝突、批評，甚至是排斥，他們能以更大的容量（capacity）面對，可以保持冷靜和理性；他們是比較客觀的觀察者，在關係和工作壓力下，仍有能力保持心態平靜。對自己的思維有信心，他們可以拒絕別人的意見，也不會敵對他人，或斬斷與他人的關係。我們從一個兒子能否與母親自我區分可以看到箇中的道理。

母子情意結

中國人家庭中最難處理的要算是婆媳問題。婆媳間的夾心人是男人，穿插在生命中兩個最愛的女人之間，是關係中的核心人物。他若能夠從本源家庭中自我區分出來，尤其當他能放下欠母親債的心理，曉得擺放自己對母親的關係，婆媳的問題就解決了一半。我們試掌握這微妙的互動。

當我定這題目為本章主題時，同事打趣：「兒子欠母親的債，一世也沒法還完。」我無言以對，只報以微笑，或許那位同事猜想我也認同她的説法。

對母親犧牲的愛，我們作兒子的，長大之後應該報答母親的恩惠，但「報恩」與「還債」有天淵之別。「報恩」出於甘心樂意和取用自己已擁有的，「欠債」卻是迫於無奈，在自我貧乏下仍然勉強付出，甚至犧牲自己或他人也在所不惜。

若兒子為了還債，對母親千依百順，他會很容易迷失了自己，缺乏自主能力。這樣，母親的犧牲便使他犧牲了自己。

有一些兒子不單自我犧牲，更透過犧牲妻子來討好母親。這樣以他人為自己還債的表現，可說是中國人獨有的問題，難怪中國文化學者孫隆基先生在他一篇文章〈人道主義還是媽道主義〉裏大聲疾呼，那些把自己與媽媽之間未了的問題搞到第三者、第四者……以至其他人頭上的，真正是：「他媽的！」

現代的男性雖然不至於以高壓手段犧牲妻子以討母親歡心，但內心欠債的歉疚，往往促使他希望妻子在情況許可下多讓步，造成婆媳之間的爭競。

妻子感到丈夫太過依賴，要她事事順從奶奶，不能與她站在同一陣線。不過，我想指出，因內疚而需要還債的心態是母子間情意結的基調，我們要先處理自己如何還清欠母親的債，而又不會失去自我。

一條在裏面控制的拉鏈

我很喜歡用拉鏈來比喻人的界限（boundary）。**有個人界線的人，就像一條在裏面控制的拉鏈，他不會因父母使人內疚的怨**

言而感情波動很大，因為他能控制那界限的開關，知道何時不用計較、何時要堅守立場、什麼要保衞到底。

反過來説，若個人界限像一條在外面控制的拉鏈，任其他人開關，他的生活領域便十分混亂，情緒也起伏不定，毫無個人主見，被人牽着鼻子走。

我們如何面對母親的怨言而不會過分內疚？有心理學家建議，我們可以記下母親慣常令我們感到內疚的話，先分辨哪些是不合理的；不過，把這些話錄下來，要在自己心境鬆弛的情況下重聽，儘量要求自己能保持情緒平靜，能處之泰然。

我想，從消極方面，這不失為一個維持個人界限的好方法。不過，我認為較積極的方法，是坦然告訴母親我們的立場，母子在彼此尊重下是可以容納不同的意見。因為學習放手也是母親在她們成長過程中的一項發展任務（developmental task）。我們若千依百順，反過來説，是剝削了母親成長的機會。

向母親表達謝意

心理學家 Dr. Ken Druck 認為，其中一個消除我們感到虧欠母親的方式，是正面表達對母親的謝意。以成人的態度表達對母親的感激，能助我們解去不健康的捆鎖。

讓我們數點一下母親在我們身上留下的恩惠，然後以感激（不是欠債）之心表達我們對她的欣賞。這些感激若能光明正大地表達，母子間追債與還債的關係就不用在檯底交易了。

以下是一個列表，請用剔表示你感激母親的事項，把握機會告訴她。

我多謝我的母親，因為她的：

☐ 鼓勵　　☐ 愛

☐ 忍耐　　☐ 能力

☐ 溫暖　　☐ 委身

☐ 廚藝　　☐ 勞力

☐ 幽默　　☐ 生病時她的照顧

☐ 領導　　☐ 保護

☐ 勇氣　　☐ 屬靈生命的影響

☐ 智慧　☐ 供書教學

☐ 誠實　☐ 助我完成功課

☐ 關注　☐ 給我講故事

☐ 支持　☐ 買東西給我

☐ 持家有道　☐ 成為我的好榜樣

內疚感的由來

我們年幼時，知道那巨人（父親、很多時是母親）立下很多規則要我們遵守，就是那些對與錯、應該與不應該的「十誡」。因為那時我們年幼無助，生存得靠賴巨人的供應。那巨人偏又對我們特別好，若逆她的意思恐怕會遭遺棄和懲罰。所以，即使長大後，當母親説：

「我為了你放棄一切，你竟如此回報我。」

「我生你的時候多痛苦，我給你享有最好的，看看你現在，有毛有翼了……一點都不在乎我。」

「你知你媽身體不好，仍然要搬出去住，猜你爸會照顧我嗎？」

「我沒用了，沒人要了，真沒意思，死了還好。」

這些話令我們內疚萬分，不知如何是好，又怕背上不孝的罪名，往往會放下自己的意見來遷就母親，便失去自己的個人界限。

有一位青年人，時不時會感到苦惱。因他的媽媽想他成為公務員，但他畢業後沒考上，只在一家普通公司任職。雖然待遇還不錯，媽媽總不時抱怨，擔心他工作前景不佳，由於近年政府已不多聘請公務員職級，為滿足媽媽的要求，他只好不斷轉工。即使每次都找到人工更高的職位，但媽媽就是不滿意，每隔一段時間都會表示不滿。所以他即使有不錯的工作，仍不時為家裏的吵鬧而不開心；即使工作待得不錯，仍滿腦子是轉工的念頭。朋友勸他，他只道滿足家人是他的責任。

事實上，**一個人成長過程中，必須重新檢視自己那些所謂對與錯、應該與不應該的價值觀**。過往是父母給我們的，現在是自己經歷的，若我的價值觀與母親有出入，我如何保持自己的立場，不因歉疚而放棄真我？

與羣體的關係

以上說的是以母子關係比喻個人與羣體的關係。上述既是親子的階段，也是我們與每個羣體之間的必經階段。不論跟父母、朋輩、工作的機構、導師等，都必須經過這種意志抗衡、反叛、與眾不同、畫清界線的階段，內心經常會自問：「我是這樣的，我不是那樣的，我跟它有什麼不同。」

人生存就需要羣體。雖說羣體會使人迷失自我，甚至感到失望，不過要是學會分辨，曉得畫界線，便能在羣體中處之泰然，既能從羣體中受益；也能貢獻羣體。在關係裏，既能分辨自我，也能與人緊密連繫，與人維持健康的關係。

若一個人缺乏這份抗衡的勇氣，或尋找自我獨特之處的動力，便被羣體所吞沒，成為一個沒有自我、只順從羣體規則、沒有個人面目的個體。

作為父母、老師或導師，要鼓勵年輕人建立這種勇氣，不強制、壓迫他們；否則，他們就永遠依附、倚賴我們，不能獨立發展。

我與羣體是怎樣的關係？

1. 檢視你現有不同的羣體生活，有什麼地方可給你提供成長的機會呢？例如：你得到足夠的回應嗎？羣體能給你盼望嗎？你在羣體中找到同坐一條船的同伴嗎？羣體有幫助你認清盲點嗎？你有仿效的對象嗎？

2. 透過與不同羣體的自我區別，你能更清楚認識和確立自己嗎？

3. 若你有參與塑造某羣體生活的文化，你能否製造機會，把上文的助人成長元素，灌注在羣體當中，以致在羣體生活的成員有成長的機會？

   - 灌注希望，例：給機會讓成員分享克服困難的心路歷程和故事；
   - 讓成員感到同坐一條船；
   - 讓成員看清自己的盲點；
   - 家庭的重塑；
   - 找到仿效的對象；
   - 發展社交技巧。

4. 要是在羣體內有成員與你的意見抗衡時，你會怎樣回應他，助他確立自我？

5. 要是羣體內有成員太被動和只會服從羣體生活，不敢表達自我，你會怎樣幫助他？

本章參考書目

林孟平著：《小組輔導與心理治療》。香港：商務印書館，1996。

Bonhoeffer, D.(1985). *Life together*. London: SCM Press Ltd.

Crabb, L.(1997). *Connecting: Healing ourselves and our relationships*. London: W Publishing Group.

Peck, M. S.(1989). *The different drum: The creation of true community: The first step to world peace*. London: Rider & Co.

Vanier, J.(1998). *Becoming human*. N.Y.: Paulist Press.

Yalom, I. D., & Leszcz, M.(1985). *The theory and practice of group psychotherapy*. N.Y.: Basic Books.

在人際關係中成長

手足情：
學習饒恕

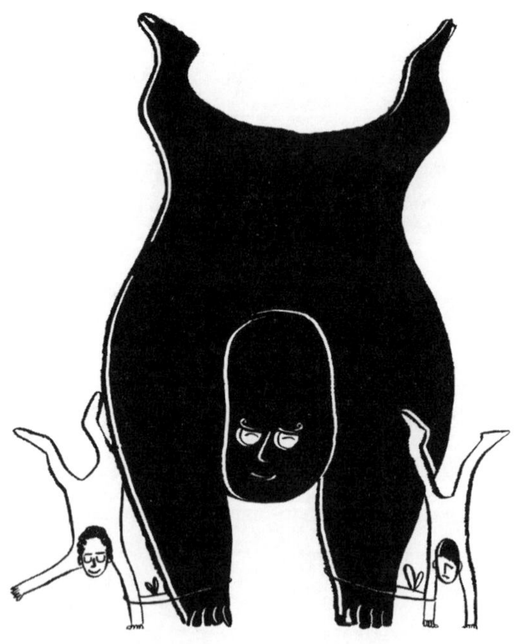

有一齣日本電視劇，描述幾名出生序不同的表兄弟，家庭次序如何影響他們為人和尋覓伴侶，當中包括長子、次子、幼子、獨子，這個次序既塑造他們的優點，也造成障礙。譬如幼子，由於一直有兩位哥哥擔負家庭責任，生活過得奔放，放膽追尋理想；但習慣給人照顧，對愛情及愛人卻吊兒郎當。雖然這只是戲劇，卻道出了一個重要道理：本源家庭是我們第一個人際關係的教室，我們的成長土壤是好是壞，是健康或不健康，它都會成為我們日後與其他人相處的階模。所以，了解它對我們的影響是十分重要的。

本章我們會先以本源家庭如何影響我們的六個框架開始，父母對我們的影響在上兩章已有不少着墨，在本章會多談兄弟姊妹對我們的影響。

本源家庭的六個框架

我曾經在《婚姻左右左》介紹過這六個框架，藉本源家庭的角度看夫妻關係。同理，這六個框架也是要看本源家庭，借用 Gerson、Hoffman、Sauls 以及 Ulrici 在 1993 年提倡的 Family-of-origin Frames in Couple Therapy，他們的分析可以看到本源家庭對我們的影響。

現在簡單介紹如下：

1. 應付框（Coping Frame）

每個家庭都有自己應付問題的模式。有些家庭每遇到問題，都會提出來一起討論，甚至爭論至面紅耳熱，有了共識後大家又相安無事，不會影響感情；有些家庭萬事以和為貴，不會直接提出問題討論，只會以逐一擊破，四處游説的方式來解決問題，害怕公開討論會把問題鬧大。

2. 模範框（Modeling Frame）

我們學習做男人或女人，最直接的模仿對象就是父母。所以，有人對男人説：「你若想知道自己的太太將來會怎樣，只管看看你外母的模樣就可以了。」同樣，兩性間如何表達親密，也受着父母的模範所影響。若上一代的父親表達愛意的方式，只是到燒臘店「斬料」帶回家，子女成婚後，難免會不曉得以甜言蜜語表達愛意。而在這種家庭成長，在人際的感情表達上也自然是拘謹的。

3. 角色框（Role Frame）

每個人在家庭中都有自己的角色，不同角色會塑造不同性格行為的人。若是長子，會多作決定，對家庭也付上較多責任，很可能會成為領導人物。若是幼子，或許得到百般寵愛，又或許因為兄弟姊妹眾多而最被忽略，很可能會比較任性。除了在家庭的長幼次序會模塑我們的性格行為，家庭的生活處境也對我們有很大的影響：若父親早逝，或有外遇，兒女可能要負擔支持母親感情的角色。我們在成長中若慣用了某些角色，很自然地會把它們帶進各種人際關係中。

4. 定義現實框（Definition Frame）

若你走訪不同家庭，會發現每個家庭的氣氛和特質各有不同。這些不同之處往往受着家庭如何看待外界所影響。有些家庭以為外在世界是危險的，就會傾向內聚和保守，對外間的事情不大感興趣；有些家庭看外在世界潛藏着無窮機會，就會比較開放和積極投入社會。另外，不同的家庭也會有不同的價值觀。比方説，有些家庭金錢至上；有些親情至上或學問至上。這些價值觀會灌注在家庭成員身上，成員與他人相處時，也會因着觀念不同而引發人際間的衝突，是每個與人相處時必須面對和調校的。

5. 效忠框（Loyalty Frame）

在家庭這充滿愛恨的小世界中，成員之間彼此嫉妒是難免的，即使父母能平等對待每一個兒女，他們對父母的愛也可能會有不同的理解和反應。在這種情況下，若有一個子女覺得母親對自己比較好，父親對自己比較差，他很自然會以母親為效忠對象。我們與父母之間的關係常見這個例子，總覺得母親為我們付出很多，父親則只顧工作；所以，當我們長大了，家用總是給母親；父母有爭執，也多是站在母親的一邊。直至結婚以後，我們也是繼續效忠母親，這些效忠的慣性，往往會搬到新成立的家庭中，而使新成立的家庭變成一個戰場 —— 婆媳之爭。所以，當我們成立新家庭後，必須重新校正效忠的對象和優次序，否則就會家無寧日。這種效忠的互動也可能會延伸至工作的人際關係中，例如，你公司有兩位老闆，你可能會不自覺較多效忠其中一個呢！

6. 倒轉框（Reversal Frame）

雖然古人云「三歲定八十」，弗洛伊德也説幼年的行為決定了將來的行為，但若細心觀察，這種説法並不是絕對的，因為人是有重新抉擇（redecision）的能力。不少人能成功擺脱父母的影響，例如：不負責任的「酒鬼」父親的兒子，可以努力成為有責任感的男子。只要願意努力，探究成長過程中所受到的種種影響，去蕪存菁，希望仍在人間，我們仍可以在新的人際關係當中，過愜意的羣體生活。

以我的故事為例，我的籍貫是「順德」人，順德人的性格都是以和為貴，自小我觀察父母，他們都是少與人爭吵的，甚至有時比較怕事，加上我在家中排中間。這家庭情況對我日後學做一個「男子漢」，有很大的挑戰。我的父親可說是「缺席的父親」，又因我感到母親為我付出很多，也多與母親聯盟，致使日後我要經過一段時間學習，才能自我區分，學習平衡婆媳之間的張力，在關係中取得平衡。另外，我曾親身經驗父親吸煙、賭博帶來的影響，在成長過程中，特別要求自己不要學習父親的不良習慣。以這些框架檢視自己的成長及對人際關係的影響，是相當有啟發的，由此我對自己的過去較之前更接納了。

以下一些問題可以給你作探究：

- 我的家人怎樣面對壓力？我也是以這些方法嗎？
- 我的父母在夫妻相處上，給我留下什麼榜樣？

- 我在本源家庭中扮演什麼角色？這對我的人際關係有什麼影響？
- 我的家人怎樣看現實？是悲觀還是樂觀？
- 我有什麼行為、態度或想法，是刻意與本源家庭相反的？
- 在我的本源家庭中，我傾向效忠誰？這對我的人際關係有什麼影響？

兄弟姊妹關係是人際學習的自然實驗室

我們若以家庭系統來了解家庭，一個簡單的四人家庭就有三個次系統，包括：夫婦的次系統、父母子女的次系統及兄弟姊妹的次系統。當然，三個系統中，夫婦的次系統是最重要的，他們關係的好壞會影響家庭氣氛，子女也透過觀察他們的關係學習與異性相處之道。父母子女的次系統當然也十分重要，在第一、二章提到的，不論是相依的關係及人際焦慮與人際間不健康的流動，主要都是受着父母的影響，心理學家較少研究的是兄弟姊妹對我們成長的影響。現代有不少獨孩家庭，他們沒有年紀相近的弟妹，所以，聰明的父母會想辦法增加這些獨孩子女與人接觸的機會，譬如安排他們多與同年紀的表兄弟姐妹接觸，補償子女在同齡間的人際學習。

兄弟姊妹的關係對我們成長有很大的幫助，提供了機會讓我們認識自己是怎樣與他人的情緒互動，給予我們不少與人又愛又恨的體會。它跟友伴有着不少差異，因為友伴我們可以選擇，兄弟姊妹有着血緣關係，不容易分割的；即使友伴接觸時間多，但總不及兄弟姊妹同一屋簷下般緊密；友伴大多是年紀相若的，兄弟姊妹卻可近可遠，若年紀差距大的兄弟姊妹，關係就有了權力強弱之分，權力的差異可以帶來照顧或欺負，這要看他們關係的基礎了。

因為手足關係沒有選擇、生活緊密，也要分享生活的空間和資源，衝突自然少不了。當然，有歡樂的時刻，彼此同舟共濟，有着一段成長的歷史。透過兄弟姊妹的接觸所產生的情緒，真是錯綜複雜，常遇上的情緒包括憤怒、沮喪、妒忌、驕傲、快樂等，所以家庭是我們學習和訓練自己情緒智慧（EQ）的好地方。

兄弟姊妹間的衝突

兄弟姊妹的衝突多的是，小時會爭玩具、爭廁所、爭父母的寵愛、爭先後等等。若與朋友吵架，我們可以選擇逃避不見面，兄弟姊妹不和，首要學的就是容忍、處理自己的沮喪情緒。在爭取的過程，我們學會跟人理論、協調、交換籌碼，甚至出計欺騙等，若父母處理子女的衝突不公的時候，會帶來兄弟姊妹間的攻擊報復，手足之間甚或用上不少策略，例如拒絕跟對方玩、威脅他、在其他人面前取笑他、破壞他與別人的關係、打小報告等，簡直是工作世界複雜的人際互動的小朋友版。所以，與兄弟姊妹相處，可以磨練人際的技巧，學習處理來自人際衝突的複雜情緒，例如，如何平伏自己情緒、自我安慰（self-soothing），從不快情緒中重新振作起來等，是人際關係成長的一個最自然的實驗室（natural laboratory）。

衝突過後，俗語有云：「打死不離親兄弟」，我們要學習道歉、修補破損關係，和好如初等，都是一些很重要的人際技巧操練的機會。

正面來看，我們可以從競爭中學習敢於表達自己需要（assertiveness）的技巧，也要跟比你強勢的兄姊妥協和談判

(negotiation skill)。所以，有研究兄弟姊妹在家庭的位置影響人際技巧的分析指出，排行中間的子女通常人際技巧略勝一籌，因為他要遊走於權力比他高及低的兄弟姊妹間，這能培養出他較圓滑的人際技巧。

手足情深

當然，兄弟姊妹間不盡是衝突和競爭，也有彼此扶持、幫助、玩樂的時候，尤其在中國人的家庭，強調長兄為父，「大」的要照顧「小」的。過往一些有很多兄弟姊妹的大家庭，幼小的弟妹都是大家姐、大哥負責照顧的。若在家中為「大」的，可從與弟妹的相處中，學會了作領袖，帶領弟妹，在玩樂、做功課、面對家庭突發事情如父母突然患上大病，又或弟妹受傷、遇上生活的挫折時，學習安撫他們，甚至為他們出頭，長兄長姐都被培育成具大家姐的照顧能力、大阿哥的領袖風範，而在帶領的過程中不乏對弟妹表達愛與支持。

兒時兄弟姊妹會一起玩遊戲，其中一種是角色扮演(Shared Fantasy Play)，各人會一起創作幻想故事，當中有劇本、主角和對白，每人都分配一個角色，讓故事自然發展，投入摸索角色的情感和與人相處的技巧，這些遊戲有助培養我們了解自己和別人的情緒，學習人際相處。

另外，一家人有不少共同的經歷，當兄弟姊妹回顧和訴説自己的想法時，可能有不同的觀察，能夠互相補充不同的觀點。除了增強大家同坐一條船的感情外，過程中也能就事件提供不同的角度，是一個以多視點理解事情的訓練。

父母偏心會製造兄弟姊妹間的妒忌和不和，這些處於三角關係的經歷，也是一個學習處理妒忌情緒的好機會。不過，父母也有表現不濟的時候，面對父母惡劣的行徑，如賭錢、家庭暴力等，兄弟姊妹間可以建立起聯盟，互相支持應付父母不合理的對待。

這些手足之情，不單是我們童年學習人際技巧的實驗室，也會到我們成年，在面對人生的不同際遇或困難時，能夠互相幫助、支持，我們要珍惜這份兄弟姊妹間的親情。**若有童年未解的結，破壞了手足關係，在能力範圍和彼此願意的情況下，也應盡力修補。**

手足之情是在童年時建立起來的。當我們慢慢成長，有自己的朋友圈子和建立自己家庭的時候，這些關係會因為人生階段不同而較以前疏遠了一點點，聽過一些例子，就是妹妹會妒忌哥哥的女朋友。不過，有的時候，也會重新團結，譬如一些為長兄姊的，若家中有一個欠債的弟弟，兄弟姊妹的互動又會重新啟動起來，全力幫助有需要的家人。

當我們長大了

有一對夫婦一起參加婚姻工作坊，太太提到與姑仔的關係，如何影響他與丈夫。原來姑仔也可以是夫婦間的張力，她可能不喜歡嫂嫂搶走了自己的哥哥，所以連哥哥也不理睬，甚至哥哥的畢業禮、哥哥孩子的滿月酒也故意缺席。

這位太太講述時十分氣憤。她的丈夫鼓起勇氣，表示對妹妹的反應也大惑不解。他猜測母親有相當責任，可能怕兄妹不和，往往對雙方的事守口如瓶，未能發揮橋樑的功效，而他的感受竟然從沒有告訴太太。當在工作坊聽到丈夫的解釋後，太太的怒氣似乎開始降溫。這是一次很好的對話。

席間有兩位成員，其中包括為人姑仔的，主動講述自己接納嫂嫂的心態發展。原來兄妹間自小關係很好，當哥哥有女朋友，妹妹會嫉妒和爭寵。做妹妹的一直以為嫂嫂是偷走哥哥對自己和家人關愛的人，對這段新的關係要花一段時間適應，直到她看到嫂嫂真的對哥哥好，哥哥甚至因夫婦的關係有所成長，姑嫂的關係才慢慢改善。有時候，因着姪兒的出現，姑姪的關係也會將姑嫂的關係拉近。

約瑟如何修補兄弟情

家家有本難念的經，不容易定事情的對錯。有些家庭的互動是隔代留下來的影響，《聖經》中最能描述兄弟間恩怨的是約瑟的故事。

約瑟的父親雅各特別寵愛約瑟。在約瑟 17 歲的時候，雅各送給他一件在當時社會只給長子的彩衣，惹來十個兄長對約瑟的妒忌。然而，推上一代，雅各的母親利百加就是因為偏愛雅各，以致釀成日後以掃追殺雅各的悲劇。由此可見，約瑟與兄弟不和，可追溯至利百加和以撒身上。當我們看家庭的恩怨，誰是誰非的時候，一定要把問題拉闊。

《聖經．創世記》41 章 51 至 52 節，記載約瑟給他的兩個兒子起名，大兒子起名叫瑪拿西，意思是「使之忘了」，而次子的名字為以法蓮，意思是「使之昌盛」。由約瑟被賣、被陷害、被遺忘，到被法老重用，回望這 20 年，他開始明白今天落入這個處境是為了什麼。從他替兒子取的名字，可見他已經寬恕了他的哥哥們。

寬恕是個人在神面前，透過神的視點檢視過去，從而看到在傷害背後的意義。寬恕的第一步是有勇氣面對在我們家庭所發生的事，體恤我們的人可能曾被人傷害，正如約瑟的哥哥們也許正因為雅各偏愛約瑟而受到傷害。寬恕不是易事，約瑟被兄弟出賣，寬恕他們確實不容易。當我們用神的眼光看待事情，便能夠給我們對傷害有一個新的看法，而這看法能幫助我們寬恕。我們要學會寬恕，應退一步先在神面前安靜，思想神為什麼容讓事情發生，認定及辨認當中神的恩典和計劃。

縱然獨自處理了自己的怨憤，放下對家人的憎恨和憤怒，面對面處理與家人恩怨的時候，總會牽動我們不少眼淚。約瑟在與兄弟修補關係的過程中，流了多少次的淚，有時是要躲開別人去哭；有時忍不住與兄弟相擁而哭，這些感人的場面給我們很大的盼望和安慰。人世間最大的傷痛莫過於親人給自己的傷，約瑟經過被出賣、被陷害，落到如此艱難的處境，最終依然能原諒他們。相擁的淚是最大的明證。

不過，寬恕與復和可以是兩碼子的事，也是兩個過程。寬恕是單方面的事，一個人也能做到，復和卻是雙方的事，需要別人也同時願意才行。所以，有時候寬恕未必帶來復和，而在未能完全復和之前，我們應以恩典待人。就像約瑟的十位哥哥，雖然約瑟寬恕了他們，但他們仍然放不低，依然懼怕約瑟。我們可以從雅各去世後兄弟的恐慌和部署討好約瑟可見：

> **約瑟的哥哥們見父親死了，就說：「或者約瑟懷恨我們，照着我們從前待他一切的惡足足地報復我們。」他們就打發人去見約瑟，說：「你父親未死以先吩咐說：『你們要對約瑟這樣說：從前你哥哥們惡待你，求你饒恕他們的過犯和罪惡。』如今求你饒恕你父親神之僕人的過犯。」他們對約瑟說這話，約瑟就哭了。他的哥哥們又來俯伏在他面前，說：「我們是你的僕人。」（創 50：15-18）**

到這時，約瑟仍然以眼淚作回應，他為兄弟信不過他已經寬恕了他們而傷心，原來他寬恕了，不代表兄弟能釋懷，所以約瑟對他們說：「不要害怕，我豈能代替神呢？從前你們的意思是要害我，但神的意思原是好的，要保全許多人的性命，成就今日的光景。現在你們不要害怕，我

必養活你們和你們的婦人孩子。」於是約瑟用親愛的話安慰他們。(創 50:19-21)

約瑟的回答反映他是一個有氣量、善解人意的人。他決定恩待哥哥們，願意供養他們的妻兒，更用親愛的話去安慰他們。

從約瑟寬恕的故事，我們看到他能夠寬恕的幾個秘訣：

第一，他相信神是最終的審判者。如果他私自報復，是代替了神作審判者的角色，是不適切的。

第二，他相信神能轉化人不良的動機為美善的結局。他沒有否定哥哥們真的立心不良，真的做了傷害他的事；不過，他以回望的角度理解傷害，認定事情背後有神的美意在其中。當我們寬恕別人的時候，以神的眼光看事情，便有空間認識神容讓這些事情發生，是有祂特定的計劃的。

第三，更進一步，以神的心腸看待傷害、看待傷害自己的人。原來這些傷害自己的人都有他們受傷的地方，例如雅各的偏愛和約瑟的鋒芒太露，不懂收斂，都傷了兄弟的感情。

在故事裏，約瑟所發的夢在他經歷多重苦難後最終實現，他的兄弟們也甘心俯伏在他面前，這不只是約瑟個人夢的實現，還實現了神偉大的計劃。約瑟在舊約救恩的歷史裏扮演一個很重要的角色，讓以色列民族得以壯大。

打死不離親兄弟

曾讀過一則真人故事，一位男士自小與弟弟唸同一所學校，上同一所教會。然而弟弟天資聰穎，讀書成績優異，他卻資質平庸，重讀後才勉強升上大專。這位男士覺得自卑，有時看到弟弟更感到憎恨和憤怒，但因他是信徒，對自己這些心態罪疚自責。他在這種情緒狀態下糾纏了一段日子，直至一次退修營，他透過上帝的眼光，重新檢視與弟弟的關係，體會神對他的接納，學習放下仇怨，重新接納自己和弟弟。

今天神把我們放在各個家庭裏，不論是開心或是不開心，或許都有着神的心意或計劃。我們在家庭裏或會遇到不開心或困難，但在這些傷害和苦難中，見證到神的愛和寬恕，相信一定能打動家人，盼望大家能用神的眼光和角度看自己的處境。神可能有特別的心意，透過這些遭遇，幫助我們成長。如果神有足夠的恩典給我們，復和是可以的，盼望我們和家人的關係能蒙神祝福。

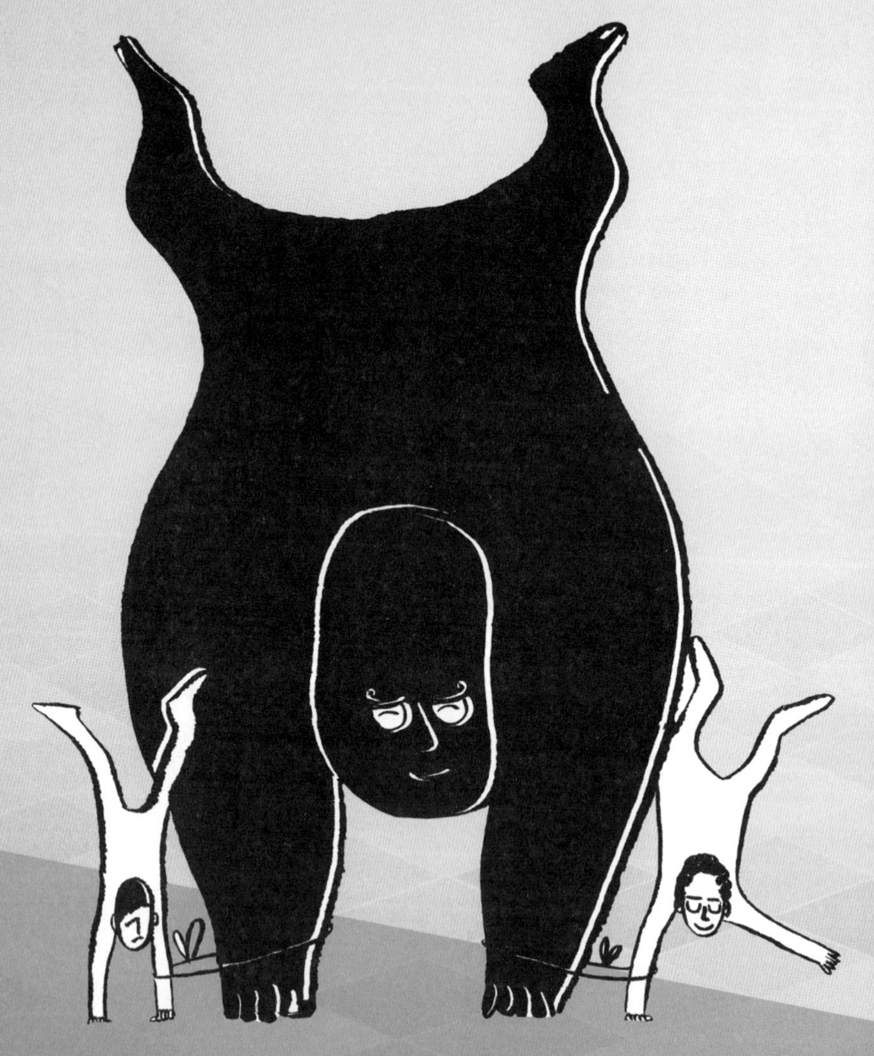

手足情的成長提示

認識家庭對自己的影響

1. 面對問題的方式
2. 效法的對象
3. 扮演的角色
4. 模造價值觀
5. 效忠對象
6. 辨識負面影響，嘗試擺脱

與手足的關係，要學習

1. 人際相處
2. 以互補角度看事物
3. 在同一陣線應付家庭問題
4. 彼此饒恕，互相寬容
5. 互相扶持成為不離不棄的好兄弟

師徒情（Mentoring）：尋找生命嚮導

導師

沒有人留意　你卻看見我在掙扎
你大可以走過　卻沒有
你的思想　你的笑容　說服了我追求超卓
你對我堅定的信心　激發我達到目標
而假若我不幸落空　你依然守在我身旁
有像你這樣的人　真是好得無比

從師長身中得到指導

曾聽過有位大學教授，因着中學老師舉目無親，晚年入住老人院，於是每年都風雨不改地去老人院探望老師。老師過身後，教授更把珍藏的老師遺墨印刷成書，並以其名義成立教育基金。如此師生情誼，實屬少見。見過一些年輕人，即使畢業多年，仍與大專、中學的老師保持聯繫，甚至有些更與小學老師來往甚密。不過，又聽到不少老師慨歎，現在的師生關係脆弱，尤其在名校裏，學生都跑到補習學校找名師，校內的老師只是輔助學生進入大學而已，談不上什麼關係情誼。

在希臘神話裏 Mentor 是一位可信任的朋友的名字，他在希臘神尤利西斯不在家期間，負責保護、教養、指導尤利西斯的兒子直至成人。這位導師是一位長者，有如牧羊人一般牧養年輕人成長。

可是這希臘神話今日讀來卻正映襯出這一代的悲哀。有人形容這一代是沒有父親的一代。當我們想尋找進入成人世界的榜樣，爸爸卻不在家，無師可從；即使爸爸在家，又會覺得他過於懦弱和落伍，不值得我們仿效，沒有尤利西斯的兒子那麼幸福，有一位良師陪伴我們成長。

在香港這個人際關係疏離、生活節奏急速的社會裏，友情已經難以建立，何況覓得良師呢！曾經有朋友告訴我，在苦覓良師未得的處境下，暫時只可以通過聽講座影音彌補這缺欠。

在我成長的過程中，不時渴望找到良師。中學時期，我在師兄身上學習領袖才能；在學校老師口中，獲得知識領域的啟發；在初任職的地方，找到事業發展的指引。只可惜很多這些人物，出現片時就離開，他們沒有準備付出情感的投資；又或者經過一段時間接觸，他們一些缺點令我非常失望。但好導師實在對我們的事業和夢想有很大的裨益。試看導師在我們發展事業上扮演的角色 。

事業上的導師

很多西方年輕人，都以自己有一位導師為時尚，彷彿這是踏上成功的象徵。

無疑，一個初入工作世界的新鮮人，可説是該行業的學徒，在經驗不足及地位低微的情況下，往往要按指示工作、別人從旁協助經過一段學習和摸索期，很難獨當一面。此時若獲得工作上的良師指點，他定能穩步向上。

若導師在同一機構內，基於導師多半處於高位，可以運用自己的影響力，提拔後進，給予學徒一些富挑戰性的任務，增加他曝光的機會。導師傳授工作上的知識和技巧，自然勝任有餘，甚至可在後進力有不逮或錯失的時刻，運用工作上的權力，保護他免受太大的挫折。

在心理上，導師更可以肯定後進的工作表現，提供角色上的模範，甚至付出情感上的支持。

以上描繪了一幅很理想的圖畫。在現實生活中，建立與良師的關係並不簡單，因為師徒之間往往涉及情感的聯繫，若處理不當，這關係會演變成競爭和決裂，以致雙方感到難堪與挫敗。

此外，除了渴求在導師身上獲得事業發展的指引外，我們也希望導師能補足「沒有父親」帶來的缺欠。難怪在尋覓良師的過程中，我們的心情進退維谷，希望被了解了又怕行前一步，志遠的故事正反映他在尋求自己夢想過程中，很希望獲得良師啟迪的矛盾心情。

志遠的尋尋覓覓

志遠今年 29 歲，結婚剛兩年。他中學畢業後便在銀行當低級文員，轉眼十年過去，可説是公司的「老臣子」。期間經歷不少人情冷暖，幾經奮鬥，他終於晉升為分行經理，眼看一些「目不識丁」的大學生扶搖直上，甚至越級跳升，內心有點忿忿不平，奈何自己 IQ 高學歷低。

在他工作十年間，有幾位經理本有機會成為他的導師，但他們除了給予他富挑戰性的任務之外，偶然在午飯間指點一兩句，已經十分難得，更談不上有什麼指導。情感上的支持，反而多來自同輩的同事，奈何近年，不少人「搵工跳槽」，沒有像他一往情深，在一家公司待了十年之久。所以，現在同事間交談的深度與早年入職時大不相同，泛泛之交的關係使交往適可而止。晚間，志遠進修宗教哲學，經過十年的銀行生涯，很希望尋求轉變，希望有朝一日能當宗教哲學的講師。這 180 度轉變實在太大，可以説是從零開始，站在十字路口，他有點迷惘，想得到一些過來人的指引。

志遠的父親是一位嚴父，不易親近，從事「三行」工作。他聽聞很多人在銀行業都是從「後生」做起，最後升至總經理，也期望自己唯一的兒子能事業有成。他望子成龍的心態給志遠很大壓力，志遠三年來一直瞞着父親進修宗教哲學，唯恐父親反對，因為志遠在銀行業也算略有所成，轉行對父親來説，是一個寄望的幻滅。

在 30 歲的過渡期間，他尋求工作方向的轉變，能得到導師的指導和認同是十分重要的。近一年間，他在教會認識一位長輩，從長輩言談之間，志遠相信他能成為他的良師。他這樣形容：「這位弟兄大約 45 歲左右，任大學講師，他很聰明，為人坦誠、開放。在一些公開場合聽他坦然分享自己的夢想、執著，我十分欣賞。他雖然有自己的執著，但這些執著都經過深思，給我一種穩重而熱情的印象。像他這個年紀仍能懷着夢想，是十分難得的。」

當我問及這位弟兄與他父親有相似的地方嗎？他很坦白地回答：「沒有。或許乾脆説，我在這位長者身上尋找我父親所缺欠的。」

志遠考慮工作學業上的轉向時，很想找這位導師傾談，但他正處於「既渴望親近，又害怕影響關係」（approach and avoidance）的心理中。因着他對這位弟兄的敬仰，害怕一旦這位弟兄否定他的抉擇方向，會使他十分頹喪。此外，這位弟兄雖然和藹可親，但畢竟是教會中的權威人物，而志遠害怕父親權威的影子，也夾雜在這份師徒關係上。經過幾星期的掙扎，他鼓起勇氣寫信給這長輩，除了交代一些疑問外，更希望能與長輩有見面傾談的機會。然而，因着這位長輩是位大忙人，志遠已經「打定輸數」，不敢期望太高。

志遠欲拒還迎，患得患失的心情，我是明白的，因為我也有過相似的經歷。希望志遠藉着這通書信，能打開這份寶貴的師徒關係，在事業方向上得到指引。

師徒間的互動

研究 mentoring 的學者 Dr. Robert Clinton，發覺若能建立師徒關係而令後進得力向上（empowerment）的話，必須經歷以下四方面的互動：

1. 吸引力（Attraction）

我認識一些機構，在行政架構上安排了師徒制度，為員工尋找較高層的員工為良師。這想法雖美好，卻不一定行得通，因為徒弟一定要受到導師某些才幹、風範或特質所吸引，才會渴求與導師建立親密關係，從中得到滋潤。

2. 關係的建立（Relationship）

師徒基本上是一份互信的關係，需要通過接觸、自我流露來建立。因此時間和雙方的主動實在不可或缺，若然沒有關係作基礎，只是因為公司安排，徒弟要「硬着頭皮」約師傅進午餐，在餐桌上向導師尋求工作上的指引，那麼，以下兩種互動更是無法建立。

3. 感應力（Responsiveness）

感應力是徒弟向導師順服的態度。他對導師給予的意見、任務，表示尊重和欣賞。這方面，可說是全賴徒弟的參與，若他不願意接受挑戰和意見時，師徒的關係進展會受到限制。

4. 交代的重要（Accountability）

若要充分發揮師徒關係的好處，那就要像武俠片中的拜師學藝一樣，師傅教了徒弟一些招式後，徒弟就回去苦練。若基本功習練得不穩，師傅會要求徒弟再下苦功，才教他另外一些招數。這種緊密的跟進（follow through），對後進的成長十分重要。

接受不同程度的師徒關係

或許，我們讀過這種師徒互動後，會更加失望。這種埋身、親密的關係何處尋呢？有人為這個難題提出一條出路，師徒的關係原來可以按不同程度分類。可以放在一個連續體（continuum）上看：

	活躍的師徒關係 Active mentoring	**偶遇的師徒關係 Occasional mentoring**	**被動的師徒關係 Passive mentoring**
例子	教練、師傅	推薦人、輔導員	近代或歷史上的榜樣

我們若接受師徒關係具備不同程度和類型，或許就不會有太大失望，反而會珍惜一些偶發的師徒關係。在不太深厚的關係下，仍能得到一些及時的睿見或指引，對我們已有很大的得益。

我的導師

我在突破機構工作的日子，上司李兆康先生（Simon）是我一位良師。我們大約一兩個月共進一次午餐，在飯桌上暢所欲言。

這位當時已屆中年的導師，可能因為輔導行業出身，在工作發展上給我很多指引，後來我考慮繼續進修，在抉擇的過程中，他不斷從旁鼓勵並校正我的方向。

我有很多寫作的意念和計劃，都能與他彼此交流，而他給予我很大的支持和肯定。

最重要的是他坦誠開放的態度，減卻約見他的恐懼，有時候甚至是他主動約我見面。因着與他建立的關係，釋放了我對權威的恐懼，也比以前較有自信。

早兩年他因癌症去世了，以下是我對這位良師的懷念——

輕輕的你走了，留下一片華麗的雲彩。

於我，你的病情來得太急，雖然曾到醫院探望，卻未及跟你詳談一些你的心願。你就輕輕的走了，身在美國時聽到你去世的消息，沒機會跟你道別，是一件憾事。

回想，你消瘦得那麼快，身體如此虛弱，因肺積水而呼吸困難和身體不適；快快釋去疾病帶來身體的痛楚，這也是神對你走最後一程的恩寵。我一方面難捨，另一方面卻又為你感恩。

有一些話放在心裏，沒有直接説出來；於我，你可説是一位屬靈的父親。我的父親在我 20 歲出頭就去世。

自從在突破工作，Simon 不單是我的上司、也是我在輔導專業上的前輩、導師。他對我的關懷和肯定，更像一位父親。記得在 92 至 94 年到美國進修，他給我送機和接機。對我的家庭生活，他既會關心也會給予一些充滿智慧的意見。在工作上，他對我的提携、寫作上的鼓勵和肯定，對於初出茅廬的我，在事奉上有很大的幫助。在人生一些重大的決定上，我總是喜歡找他談談，聽聽他的意見。失去了他，像失去了人生一個很重要的導航。

與 Simon 認識多年，超過四分一世紀，或許是太熟悉，要形容他反倒找不着詞彙。他對人包容忍耐、有恩慈、不愛自誇，絕對沒半點張狂；他事事以別人的益處為先，很少看到他發怒、從來不計較、做事善惡分明，以信仰為生活依歸。簡單來說，跟他相處過的人，都會有被愛包圍的感受，他就是上帝愛的化身。

是的，Simon 輕輕的走了。他留下美好的見證，叫我們好好回味、學效。

再見了，我的良師益友。

尋找你的良師

良師的角色有以下幾項：

- 幫助徒弟改變思維；
- 聆聽徒弟的困擾；
- 給予徒弟情感的認同和共鳴；
- 挑戰徒弟負面的行為及意圖；
- 給予合宜的資訊；
- 批准或授權徒弟處理事務；
- 鼓勵探索不同的可行方法。

如果你想尋覓良師，可依以下六個步驟：

1. 先準確評估自己，看看自己是否願意接受導師的指導；
2. 確認一些導師的人選，你估計他們有潛質助你達致人生或事業上的目標；

3. 嘗試接觸和邀請合適的對象成為你的導師；

4. 與導師商量這關係的細節，如目標、見面形式、次數等；

5. 管理師徒關係，確保雙方能從關係中得到滿足，可按上文的素質及下文提到的內容作為目標和評估方向；

6. 定期評估師徒關係的進度，從中的學習，什麼時候可以完結固定的約見模式，轉為另一種形式的接觸。

每段師徒關係都可以有四個發展階段，你可以按此檢視關係的進度：

1. 首六至十二個月是關係的開始期；

2. 二至五年是培育期，包括得到導師的教練、挑戰和師徒感情的建立；

3. 分離期，當徒弟成熟，能獨當一面時，師徒會出現意見上的分歧，帶來關係的張力；

4. 重新定義關係期，最終師徒會演變成朋友，發展成較為平等的關係。

如果你已覓得良師，就要學習管理這段關係，可以回想：

1. 描寫一位你的導師，他如何幫助你成長？

2. 這段關係是如何發展的？

3. 他有什麼素質是你欣賞的，致使你視他為導師？

4. 你如何開展這段關係呢？

有些朋友慨歎還未尋獲真正的導師。在這個階段，不妨試試透過閱讀尋找導師。聽過有些朋友透過閱讀學習，譬如日本著名漫畫家弘兼憲史寫作了《90% 夢想無法實現》指導青年人如何實現理想，好好工作，讀者就可以從這類書籍中得到指導。

師生情成長提示

我需要一位良師……

關係特點：

1. 良師具吸引力
2. 建立關係
3. 良師具感應力
4. 向導師交代

尋找良師

1. 評估自己是否願意接受導師指導
2. 確認導師人選
3. 邀請合適對象
4. 與導師商量細節
5. 管理師徒關係，確保雙方滿足
6. 定期評估師徒關係的進度
7. 適時轉換形式

人生獲得生命嚮導

朋友情：
互相增益

一次在大學生的分享小組上，談到人際關係的課題時，他們滿肚苦水，表示大學生的人際關係極為功利。朋友是幫忙套取考試、工作情報的，有的是協助出貓和抄功課；也有不少認為同學之間是競爭者，感到競爭激烈，沒有真正朋友，一旦生活或情緒遇上困擾，根本沒有人可以支援。為了打倒同學，有人做論文時故意藏起有用的資料。這種人際關係令人感慨，究竟友誼是什麼？

知音難求

之前有機會到武漢旅行，參觀了古琴臺，那裏是記念一對好朋友的友誼。話說有一位古琴高手，彈得一手好琴，名叫伯牙，喜好於山間彈琴；一位音樂高手鍾子期，退隱在山中作柴夫。一天鍾子期經過，聽到伯牙練琴，情不自禁的叫絕，還能説出伯牙彈琴時「高山流水」的意境，兩人一見如故，這也是成語知音難求的典故。後來，伯牙離開這山，一年後重訪，驚聞鍾子期已逝世，悲傷萬分，就以一曲對知音作最後的致敬，曲終之後，他將古琴打斷，慨歎自此之後，知音無處覓，這是一個多麼動人的故事。

這故事告訴我們，朋友其中一個十分重要的功用，就是鏡映作用（Mirroring）。朋友像一面鏡子，我們的特質和才幹要是得到朋友認同和欣賞，便對自己產生一種「良好」的感覺。透過朋友的肯定和欣賞，我們對自己的獨特性，更加認識和確定。

鏡映這詞用於一個嬰孩。他在母親的懷中，成長期每一個小小的成就，如第一次翻身、第一次站着或開步走，都因看見母親開心和興奮，而內化這種喜悦成為自我建立的一個基礎。這種需要回應的渴求，過了嬰孩期後仍然存在，只不過自我觀念確定後，對它的需要減少，但不時得到人的欣賞也是一件滿足的事。

友誼的男女之別

特別一提的，是友誼的性別之分。無論男女都有各自在友情上學習的功課。

男性友誼和女性友誼在鏡映作用上，其實是有一些差別的。女性的嫉妒心較重，有時候難於做到互相欣賞惺惺相惜。嫉妒這種感受是自然而生的，就是為別人有的自己缺乏而感到不開心。這是我們在人際中必須掌握的功課，就是認識每個人都是獨特的。她的才幹、氣質，我可能沒有，或者有部分可以透過努力培養而得到，但有些畢竟未必能透過努力而獲取。最終，我只能擁有一些屬於我的特質，身邊的朋友也會羨慕我所有的。作朋友，這些嫉妒的感受只能自行處理。對自我接納高的人，較容易接受別人在某些方面比自己優越或強，而不會產生妒忌。

至於男性較少談論心底話，要達到互相支持也不容易。男性要學習的是向朋友開放自己的內心和情感的世界。

一花一世界，一朋友一個窗口

「一花一世界」是一句充滿哲理的説話，意思是從一朵花中便能悟出整個世界。我的理解是，一朵花隱含很多精彩的地方，從簡單的事物中，我們可以領悟很多生命的奧秘。我看身邊的朋友亦然，每個人都相當特別，平凡中可以看到很多值得玩味的地方，有人甚至提出每一個人都值得我們為他寫一本傳記。

對我來説，交一個朋友像在我生命中開一個窗口。他們各有所長，他們的興趣或事業上的經歷，能夠擴闊我們的眼界。回想身邊幾位老友，我與他們都能在某一方面深入交流，增進我在不同方面的知識和情操。

例如，其中一位喜歡聽古典音樂的朋友，我年輕時到他家中聽唱片，才驚歎他儲藏了不少古典音樂作品。不論哪一位指揮家的風格，哪位大提琴家的哪首曲目演奏得最好，他都可以娓娓道來；聽他介紹這些唱片，像上了一堂音樂賞析課。他引發我對古典音樂的興趣，又介紹我聽 RTHK 4 的古典音樂電台，聽一些樂評家的介紹，自己也收集一些好唱片。與這位音樂發燒友相識，開闊了我對音樂的領域，也可交換一下聆聽音樂的心得。

另一位朋友是在外國讀神學院時認識的。我們很多方面的興趣都相若，包括聽音樂、電腦科技、行山等，但交流最深是讀《聖經》的心得。有一段時間我對以敍事方式看《聖經》人物十分感興趣，用了不少時間讀大衛的生平，間時與這位朋友午餐，都談起《聖經》的研讀心得。他是舊約的學者，對《聖經》有深刻精彩的詮釋，而我過去多年研究男人成長，跟這位朋友就着《聖經》人物的故事、男性問題的分析等有不少交流，彼此豐富了大家的領會。最後，我將這些討論心得化成文字出版成書，他還給我寫序。這段經常交換心得的日子，如今想起也十分回味。

我第三位好朋友是中學時認識的，他當過我的伴郎，大家人生階段相若。他是一位樂於助人的朋友，大小事他都樂意幫忙，我跟他的交流在於電子產品的興趣。我比他精通電腦，他碰上問題會請教我，但對電子產品的認識、價錢、新玩兒，他更貼近潮流。所以，我要買新手機，或購置一些電子小配件，都會先詢問他的意見，有時候也當是興趣，一起去電腦市場逛逛。除此之外，兩家人彼此相熟，拜年、家訪的機會都很多，可說是一起成長的好朋友。

與這三位朋友的交往，可說是志趣相投，每一位朋友都豐富了我生活的某一方面；所以，若果這類知心朋友愈多，我們的生活就愈多姿彩，這是朋友給我們的好處。不過，我們能維繫的朋友的數目，卻又有一定的限制。

人際關係的斷與捨

Facebook 是現代人一個強大的社交網絡，很多失散了的舊同學、舊朋友都可以透過這社交平台的朋友連結或搜尋器尋回。當你 Facebook 的朋友組羣愈來愈大，你要與他們維繫關係時花的時間也愈多，至少要看看朋友新的 post，掌握他的動向，或在旁邊加個 like，這才算是朋友呢！也有聽過在 Facebook 上有顧此失彼的困難，被朋友投訴你為什麼「like 他不 like 我」，這是現代人際關係的新現象。另一個煩惱是你如何決定 add 哪些邀請你的人，成為網絡上可以連繫的朋友，這些網上邀請你的人可能在網下素未謀面，又或是朋友的朋友、很久沒聯絡的同學、同事、工作夥伴或上司。**應用斷與捨的觀念，我們可能也要想想自己人際關係的斷與捨，你實際可以維繫多少朋友的關係。**

人類學上有一個系數叫：「鄧巴數」（Dunbar's number），由英國人類學家鄧巴（Robin Dunbar）提出，也稱 150 定律，是指能與人維持緊密關係的人數上限，人們通常認為是 150，包括熟悉的老同學和老同事。其實，150 人也不是一個小數目，維持 150 人的社交圈子一定有親疏之別，哪些人可以進入你的人際關係圈內（inner circle）是一個重要的考慮。

哪些屬於人際圈內的朋友？我們可以從社交支持（social support）的角度來衡量。**社交支持是社會科學研究的重要概念，與心理健康是息息相關的。一個孤立無援的個體面對生活壓力或疾病的能力，遠遠不及一個有足夠支援系統（support system）的人。**

社交支持包括哪些方面？在心理輔導的個案工作中，其中一項必須評估求助者的狀況，就是他 / 她有沒有足夠的支援系統。一個有足夠支援系統的人，可以從支援網絡中得到實際的支援

(tangible support),如經濟上、實務上的協助等,以及情感上的支持(emotional support),包括一雙善於聆聽的耳朵、一句鼓勵的說話、寂寞時的陪伴等。

所以,能成為圈內朋友的,必然是有力給你社交支持的人。

很多時候,朋友之間的感情必須經過一些共同經歷所建立,例如求學時期一起讀書考試的同學、一同工作的同事、一起返教會的教友、共同參與某個興趣組羣的組員等。朋友之間貴乎彼此交心,互助互勉,有來有往。若以實際的支援,以及情感上的支持來衡量,我發覺能夠留在圈內的朋友,大多數是有付出有收取(give and take),有來有往的雙向關係。單向的關係很難持久。

亦師亦友

2004 年 7 月, 我回福樂神學院(Fuller Theological Seminary)修讀一科教牧博士的短期課程。福樂神學院的書局是我經常流連的地方,書架上找到路易史密斯(Lewis Smedes)的屬靈回憶錄《我的神與我》(*My God and I*)。拿起翻閱,才驚覺這本書是這位名譽退休神學教授的絕響,一種莫名的哀愁湧上心頭,立即將之買下,一口氣讀完,像急不及待看一位老朋友的過去。透過這本回憶錄，我增加了對這位老師的認識，知道他成長的艱辛、屬靈路上的掙扎，向神真誠的感情，看到這位老師的可敬可愛。

初認識史密斯是透過他的作品，最有名是《寬恕與忘記》（*Forgive and Forget*），從書中看到一位神學、倫理學家處理心理學的課題，充滿人性，處理了得，對他非常欣賞。後來在福樂神學院進修時，有機會修讀他的課，是神學與心理學的整合課程，獲益良多。

雖然他大抵不認識我，對他的去世，我彷彿失去了一位好朋友。我讀過他大部分著作，他語文表達的貼切和精確，像一位朋友，知曉你內心的掙扎，即使你未能清楚説出的困難，他都有能力幫助你釐清。

回港後，仍然不忘這位長者。在互聯網上尋找他的資訊，像尋找一位失散了的朋友，竟然找到他一些講章的錄音和錄像，重看他的神態，重聽他的聲音。那份親切感，不能言喻。

從他的講章中，竟然找到一篇有關好朋友的文章，讀後對好朋友的素質，多了一點體會，他用五個以「A」字為首個字母的名詞總結好朋友的素質，我將他的分享以自己的經驗解讀。

好朋友的五種素質

1. Affection（親切）

好朋友彼此相悅，像一對穿慣了的拖鞋，失去時才發現他存在的重要。我想喜歡一起是親切感的基礎，友情是透過一些共同活動，一起渡過的時光而培養出來的，特別一起組隊踢足球，大家一起流過的汗水，在球賽上的哭笑聲，都是這些親切感覺的實證。因為有一段分享過的歷史，每每見面時就有一種熟絡的感覺。

2. Advantage（有益）

好朋友是對彼此有益處的，而且必然是雙向的益處，否則一方就會感到被利用。朋友是互相幫助的，我們會說，朋友有難，定會伸出援手。至於那些在你需要幫助時就離你而去的，只是吃喝玩樂的玩伴，稱不上是真正的朋友。有益的意思是他對你的成長有貢獻，你遇上困難，他會提意見，給予你適切的幫助。

3. Admiration（欣賞）

好朋友互相欣賞對方獨特的氣質，透過彼此相遇，可以感染對方的風采，這也是我提出鏡映的意思。正如我提的三位朋友，他們都有我欣賞的地方，相信對於他們，我也有一些他們欣賞的地方。朋友間的欣賞是，縱然你的朋友比你在某些範疇優勝，你不會妒忌，反而是欣賞，樂於從他們身上學習，你感到自己的生命因他們而動聽、豐富起來。

4. Accountability（交代）

好朋友有勇氣彼此向對方有所交代，這是一種敢於眼與眼的接觸（eyeball to eyeball），告訴對方我期望你要持守的承諾。朋友知道你的盲點，或你正走錯路，他會好言相勸，這是朋友彼此向對方的責任，我們像是朋友的看守人。當他們行差踏錯，我們彷彿有一份責任，不提醒他就不是真正的朋友。

5. Accessibility（易接近）

好朋友在有需要的時候，隨傳隨到；在你最痛苦的時候，在你身旁無言的同在。朋友能定時見面，維繫感情也是相當重要的。現在世界是一個地球村，朋友會往外地發展或工作，或因工作或居住地點而減少了見面的機會，少相處會令彼此的親切感減弱。雖説老朋友再相見和敍舊，友情很快很容易可以重拾，但太久不見，人事也會轉變，人可能不像年輕時單純。所以，多相處的朋友仍然是可以維繫得較好，這是不爭的事實。

是的，這是好朋友應該有的素質。當我們想着朋友對我們的益處時，可能應該先以這些素質來問問自己：

- 我是別人的好朋友嗎？我對朋友親切（affection）嗎？會否令他們有一種溫暖感？
- 我在什麼地方能幫助朋友，對他們的成長有益（advantage）呢？
- 我有什麼地方值得朋友欣賞（admiration）呢？
- 當朋友走差路時，我有勇氣守望他們，要求他們向我們有所交代（accountability）嗎？
- 當朋友主動邀約，我樂意與他接近（accessibility），成為他們隨時的扶持和幫助嗎？

當我們先具備這五種素質，相信朋友也樂意與我們親近，大家相知相識，令彼此的生命得到鼓舞。

朋友情成長提示

我有好朋友，我們可以……

1. 認同和欣賞
2. 互相傾訴
3. 分享交流
4. 志趣相投
5. 豐富生命

培育好朋友五種素質

1. 和藹可親
2. 互相增益
3. 彼此欣賞
4. 彼此交代
5. 易接近

異性關係：
彼此豐富

有些打工的男士，說最怕遇上女上司，覺得她們變化莫測、情緒化。有些男孩子喜歡與異性交朋友，認為容易表達感受，不像男孩子間只會談身外之物。有些女士，怕在工作中遇上年長的男同事，覺得他們總像「老油條」，緩慢而保守。我們日常生活很多與異性接觸的機會，有些人特別抗拒遇上某類角色的異性。其實兩性相遇，正是我們從關係中得到成長的機會。

在異性關係中得到性格的擴展（Masculine and Feminine Expansion）

在成長的過程，我們發現自己裏面有一個「兩極的我」（polarities of self），剛與柔、理性與感性、仁慈與冷漠等。不過，我們容易以性別定型（stereotype）的方式，將什麼是女性的表現，什麼是男性的表現分開，這是一個社會化的過程，例如，男性不容許自己流露任何女性特質，對男士的成長有很大的局限，所謂女性特質，可能只是人性應該共有的特質而已。

日常生活，我們會與異性相處，可以說是一個世界的人與另一個世界的人接觸的機會。接觸時會發現，雖然大家都是人，卻有着截然不同的世界觀和語言。**我們先要了解這些基本的差異，**

然後透過開放的態度，將對方的特質也融合在自己的生命中，這個相遇融合的過程，我看是一種性格上的擴展，也是人的成長。

我們先從公認的男女兩性差異說起。

令人既愛且恨的兩性差異

俗語云：異性相吸。兩性的差異令親密的男女帶來既愛且恨的反應，「愛」是因為兩性的差異帶來彼此吸引和互相豐富;「恨」是兩性差異帶來矛盾，衝突和不諒解，這大概是一個錢幣的兩面。

男女的結合就是要與一個「異」性一生一世，就得學習他或她的語言、思考方式、內心世界的需要，讓大家不單能和睦共處，更能透過男女的結合，彼此豐富對方的生命。

以下我先以男女一般性的差異作引子，然後介紹性別差異對兩性關係的影響，並如何幫助他們接受和尊重這些差異。

Gordon & Allen（1990）整理了一份兩性一般的差異，供我們參考。

一般兩性差異	
男性	女性
發展獨立自足、自主。	發展及維繫關係。
看重追求個人夢想、前途及個人滿足感。	看重與他人的聯繫。
強調學思規則（學習和思考）。	強調學、思、相處和同感的技巧。
在遊戲中，取勝最重要。	在遊戲中，人際關係最重要。
強調競爭。	強調合作。
隱藏感受（憤怒例外）。	表達感受。
看到親密關係中的危險，要是自己對別人倚賴會感到受威脅。	會從非個人的成就和競爭得來的成功中看到危險。
怕親密中失去自我，視親密為一種侵佔。	怕親密中失去自我，視親密為被包圍。
強調事業上的成長。	強調家庭的成長。
看見問題，想解決它。	看見問題，想談論它。

從男女大不同到兩性融和

兩性的相處跟性別的問題息息相關。這十年來有關性別的討論，確是百花齊放、各顯精彩，特別是男性運動的討論，有時候令今天的男性感到更加迷惘。究竟作為丈夫的男性，在兩性相處上該何去何從呢？我試從男性的角度，來看男人在兩性關係中如何自處和成長。

當 John Gray 出版了「男女大不同」一系列的暢銷書，至近年 Emerson Eggerichs 博士的《女人要愛．男人要尊重 》(*Love and Respect*)，都給兩性關係尋到了一條出路 —— 原來兩性來自不同的星球，於是各自説着自己星球的語言就不為奇。既一同來到地球，彼此言語不通，這種文化差異不免帶來兩性的衝擊，要和諧共處就要通曉另一文化的語言。所謂入鄉隨俗，我們不要試圖改變對方的文化，而是解讀對方的語言系統後，按他的需要，投其所好。例如：遇到困擾時，男性需要躲進山洞處理自己的問題，女士們就不要呆在山洞口不斷叫喚他；女性向人訴説是要得到情感的支持和共鳴，男人就不要像救火員一樣一味提供救火方案。當雙方不試圖改變對方，只是讓對方了解自己的需要。那麼，兩性就可以和諧共處，相安無事。

但令人困惑的是，不同的生活處境，需要不同的生活技能。有時候，男性的一套會比較有效，例如需要客觀理性來分析事情的利害關係時，太重感受可能真的有礙解決；但在另一些情況，例如想透過人際間的接觸得到滋養、需要細心聆聽和情感交流的時候，女性較易發揮同理心，又會比男性勝一籌。

所以，我們不應只停留在接納男女大不同的觀念上，而要從對方身上，學習另一套語言和世界觀。

男女互融

就算有留意男性運動討論的男士們，對於應該如何選取個人發展方向，仍會感到一定的困惑。現試從兩則男性運動的經典故事説起。

《美女與野獸》（*Beauty and the Beast*）的故事，在孩子角度看是童話；對我們來説，卻是一個啟示：鼓勵男性與女性接觸，透過女性解除自己的男性角色限制、咒詛。王子之所以變成野獸，是因為男性角色社會化（gender role socialization）的壓制，使他變得酷愛競爭、容易憤怒。解咒的條件，是一位女性無條件地愛他和接納他。野獸藉着與美女朝夕相對，終於感動了她；美女看透野獸醜陋的外表，引發他良善的一面，最終野獸變回王子。這個故事背後是對傳統男性特質的一種批判，並鼓勵男士應發展女性特質。

《鐵約翰》（*Iron John*）是美國詩人 Robert Bly 在帶動 90 年代男性運動的一個主題故事：小王子失去了金球，卻被鐵約翰撿去了。鐵約翰住在一個深井之中，渾身紅毛，是雄糾糾男子氣概的象徵。若要換回金球，王子要悄悄從母親的枕下，偷取釋放鐵約翰的鑰匙。當王子換回金球後，便跟隨鐵約翰遠走高飛，這代表了男士們要離開母親，從另外一位男性身上獲取雄糾糾的男子氣概，絕不可以軟弱無力。Robert Bly 認為今天的男性太過女性化，源於自小受母親的照顧，而父親則缺席，未能幫助男孩順利脫離母親的影響。

問題是，究竟是由於男士們過於女性化，要重拾陽剛之氣？還是男士們被性別角色的框框所限，必須從傳統男性的枷鎖中釋放出來，發展內在的女性（feminine）特質？環顧香港男性的處境，我發現兩種情況都同時存在。大部分男士仍然帶着傳統男性特質，但亦有一些比較「柔弱」的男士，即人們稱之為「小男人」的一族（現在甚至被戲稱為「奶油男」，指一些半男半女特質的男人）。

我相信，每個人（不論男女）都有男性和女性的特質，只是主次和多少的分別，並且有時是因為社會化的緣故，未有機會發展和培養。所以，各人特質不同，《美女與野獸》和《鐵約翰》都可以是男性不同的起點，只要察覺自己屬於哪一種情況，因應個人處境發展就是了，重要的是能將兩性的特質融和在個人之內。

以《美女與野獸》認同的男性為例，他的情況如下圖：

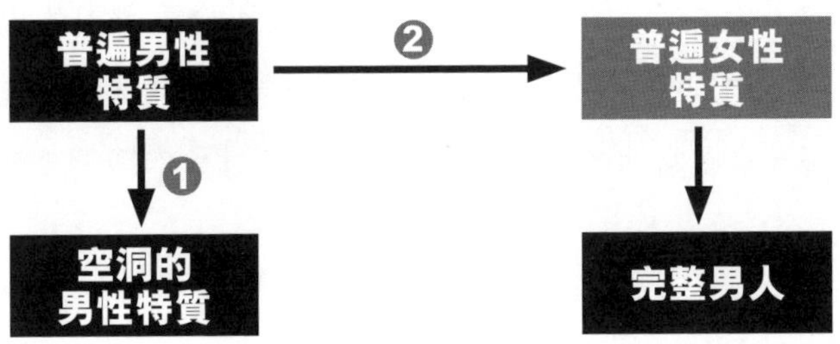

一個男人若不發展女性的特質，男性的表現就全變得空洞❶（shallow masculine），唯有願意觸及自己內心女性的特質，他才能成為一個完整的男性。

以《鐵約翰》認同的男性為例，他的情況如下圖：

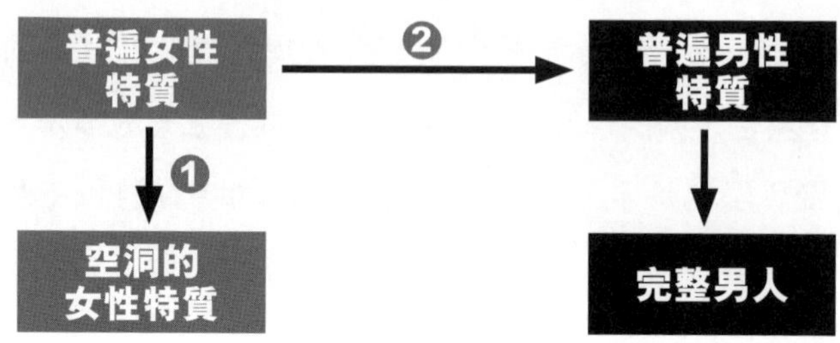

要是一個男子，自小比較女性化，又不發展剛陽的男性特質，只流於空洞的女性化（Shallow feminine）：柔弱，內在情感過度沉溺。唯有當他觸及和發展男性特質，才能夠取得平衡和完整的發展。

兩性融和是成長任務

成長心理學家 Gail Sheehy 對兩性融和有以下的觀察。從生理和心理來說，出生後首十年，男女的差別不大；踏入青春期，兩性的分歧愈來愈大；兩性差異的高峰期是近 40 歲時，之後又漸趨接近，而兩性能愈來愈融和，其中一個主因是婚姻中兩性親密的相處。

兩性成長發展圖

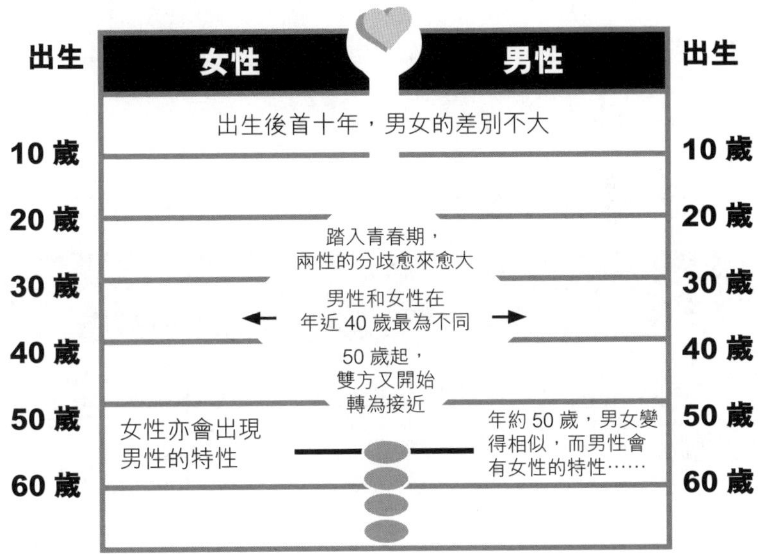

男女相處中的兩性融和

多年前曾與蔡元雲醫生一同舉辦過不少以性別為題的工作坊。蔡醫生曾經提出一套兩性融和的模式，十分具啟發性，在此借他的心得，為大家展示男女相處中微妙的兩性融和關係。

先對男性和女性的特質來一個鳥瞰。據蔡醫生的研究，男性和女性的特質有八個不同的向度。相信大部分人都會認同這是傳統對男性和女性特質的分類，也有人會說這些特質應該是人性中共有的，不應分為男性的或女性。不過，如脫離了既有的分類會較難作進一步的討論，就讓我們先接受這個分類，再作進一步的陳述。

男生和女生特質的向度

八個向度	男性	女性
1. 本質（Essence）	主動（Initiation）	回應（Response）
2. 動力（Drive）	權力（Power）	親密（Intimacy）
3. 方向（Orientation）	事務（Task）	關係（Relation）
4. 角色（Role）	教導（Teaching）	培育（Nurturing）
5. 關係（Relation）	主導（Dominance）	倚賴（Dependence）
6. 性格（Personality）	能力（Strength）	謙虛（Meekness）
7. 溝通（Communication）	理性（Rational）	感性（Emotional）
8. 成熟（Maturation）	分離（Separation）	相依（Attachment）

男女相處中的四種配對

無論丈夫或妻子，假設各自有男性和女性的特質，只是比例的差別；當二人互相接觸和溝通的時候，會以某一特質作為相處的介面（interface）。以 M F 代表男士，MF 代表女士，M 代表男性特質（Masculinity），F 代表女性特質（Femininity）。不同介面的組合，可以分為四種配對，每一種都有它可取的地方和陰暗面。現簡單表列如下 。

男性、女性特質下的夫婦相處

M F 丈夫　MF 妻子

溝通模式 Communication pattern	親密 / 衝突 Intimacy / Conflict
1. M - F	性親密（男性主導） Sexual intimacy（Male dominance）
2. M - M	工作上的親密（權力鬥爭） Work intimacy（Power struggle）
3. F - F	情感親密（互相依賴） Emotional intimacy（Co-dependency）
4. F - M	反向親密（角色混亂） Reversal intimacy（Role confusion）

以上這四種配對，有如將某相處的介面作定鏡分析；而現實中，男女相處時各自的性別特質是相對流動和彈性的。我想，男女的結合有着一個隱藏的課程（hidden curricular）—— 讓二人在近距離、緊密的接觸之下，向對方學習彼此的性別專長，並將之融入自己的性格之內，讓自我更豐富、更具彈性。

我理想中的男女相處模式，是按特定的處境（context）要求而選取最佳的介面，達致與雙方合作無間，可以一起分享感受、一起工作；你帶領、我跟隨，我軟弱，你扶持。當然，男士仍是以男性特質主導，女士仍是以女性特質回應；但如遇上有需要的情況，男女間可以暫時「借調」角色，而不會感到被冒犯、被侵權。**在千變萬化的世界中，讓男女間藉着愛與溝通，打破性別的框框，一起擴展和成長。**

希望男女在性別上的融和，能使二人成為最佳拍檔！我想學習尊重兩性彼此的差異是我們人際間的必修課。

尊重差異

對男女之別，我認為要有一個正確的態度，不可以隨意扭曲。下面提出幾個對待性別角色的簡單原則，供大家參考：

1. 男女之別

並沒有絕對的高低、好壞之分，只是不同罷了。你最初喜歡對方，不是因為這些不同之處吸引你嗎？

2. 不要勉強對方變得像你一樣

你那一套不一定更高、更好，不要將自己的好惡強加在對方身上，這樣只會引來反抗。一場夫婦的衝突，就是因為想改變對方而導致。

3. 了解對方與你的不同

這樣做有一個很大的益處，就是你可以按他的需要滿足他/她，投其所好。例如，女士鬧情緒，做男士的不可老是充當救護員的角色，急着提供答案。可不可以學着聆聽？女人需要的是一雙聆聽的耳朵。反過來説，男士鬧情緒的話，做女士的可不可以不作偵探，不對男士的情緒困擾尋根究底？而是給他一個山洞，讓他好好想通自己的問題。

男女差異是我們成長的視窗

每個人性格裏面都有男性和女性的特質，只不過比重有別。在社會化的過程中，我們往往不自覺地接受了一些不合理的性別角色框框。例如，社會鼓勵男性壓抑自己的情緒，沒有情緒才是真男子；於是男人遇到女人情感流露，往往顯得不知所措。我們要接受異性與自己的分別，視這為自己成長的視窗，如男人可以從女人身上，學習真情流露。情緒根本是人性的一部分，犯不着壓抑對抗；可喜的是，現今不少男人結婚後其中一樣轉變，是對自己的情緒有更多的接納。

男性和女性特質的融和，是理解男女相處必須注意的另一向度。

雖然這些異性相處的學習，最「埋身」的是戀人或夫婦的關係，但在其他的人際關係中，如工作夥伴，我們都可以有不同的性別相處的互動。例如，傾談公事時，兩性都是以「男性」特質去理性討論事情的；也有一些隊工的組合，是女性做帶領的，女同事或會以「男性」的特質去發施號令，男同事則作支援或跟隨者的角色；又或者，當大家共同面對一次失敗，互訴心中的不快時，雙方同以「女性」特質去相處，情感交流。現代兩性在角色上愈來愈自由和具彈性，在工作世界中經歷這些「異性」特質，也是大有機會的。

男女情誼成長提示

遇上來自另一星球的異性……

1. 懂得男女之別
2. 不要勉強對方與你一樣
3. 了解對方與你不同
4. 對方是我的成長視窗

遇上不同情況，學習把對方的性別專長，融入自己性格之內：

- 你帶領我跟隨
- 我軟弱你扶持
- 我們彼此傾訴
- 我們分工合作

個性成長得更豐富、更具彈性

同事情誼：為自己定位

有些青年人慨歎工作環境中很難交朋友，同事之間的緊張關係有時更會成為辭職的導火線。不過，有些在工作中認識的朋友，可以維繫一生之久的情誼。工作中的關係，究竟是祝福抑或是煩惱？

在工作的「階級關係」上學習擺放自己

工作間的複雜人事是不少劇集或是 High Tea 時同事間「説三道四」的話題，能否將工作人際間的問題處理得好，是一個人有高 EQ 的證明。

我們可以説要在一個工作間權力高低（hierarchy）的階梯游走，對上有上司，對下要管理下屬（聽不少 25、26 歲的青年人説，剛出來工作兩三年，已要幫忙帶比自己小一兩歲的新人），平輩又要合作和競爭，能在這權力的階梯上擺放自己，是我們工作人際要學習的功課。

作為婚姻家庭治療師，我看不少工作間的人際問題是我們本源家庭遺來下的問題。所以，本章會先從這個角度幫助大家了解問題的關鍵所在。

我們先談家庭系統理論對了解工作人際的微妙互動。

工作間是家庭關係的反照

本源家庭與同事間的相處模式近似，最明顯的例子是家庭裏的三角關係。

當夫婦關係陷入拉扯張力之中，二人往往不能直接面對和解決。為了紓緩那份緊張的壓力，夫婦許多時都會把兒女拉入戰圈，構成一種三角關係，最常見的情況是母親爭取兒子的認同來對抗丈夫。

在工作場合中，有時也有這種三角關係出現。有時為了紓緩同事或上司給予的壓力，我們向第三者博取同情。若這個第三者是上司，我們甚至會借助其力量為自己主持公道。事實上，若你細心觀察辦公室的人際關係，不難找到一些不健康的家庭相處反照（family interaction dynamics）。例如，幾個同事為了得到上司的歡心，彼此爭競和衝突（sibling rivalry）。這時上司就擔當了家庭中的父母角色，而同事就成了兄弟姊妹。

另一方面，不少人在家庭中得不到情感上的滿足，便期望在工作的人際關係中尋回。例如，在家庭中，我們很希望成為其中一分子（being included），不願被排斥，也希望找到所屬的位置和界限，不希望父母或家人過分管束自己；而最重要的，是得到家人的接納和喜愛。我們渴求這些感情得到滿足，本來無可厚非；可惜，我們渴求至一個要扭曲自己的地步，那在工作場合中，也會不自覺地以不正確的手段填補這些需要，造成辦公室中的是是非非和人際壓力。

曾聽過一位女士的故事，她自小因為家庭破碎，得不到父母的寵愛，工作中努力搏取長輩的喜歡，無論長輩是上司、客戶或同事。她甚至曾因為羨慕同事與客戶關係良好，而耍手段搶同事的客戶。也有人因與父母關係不好，工作中碰上長輩，就感到抗拒。工作出了問題，上司提點幾句，這人的反應就非常強烈。

自我得以確立，很多時取決於我們在複雜的人際關係中，能否設定自己的界限，了解自己的情感需要，而又可以在不傷害別人，也不會扭曲自己的情況下得到滿足。甚至再進一步，若其他人以不成熟的方式來跟自己相處，我們能否不偏不倚地化解人際關係的矛盾，也是自我確立的決定性因素。

生命中的權威人物

學仁是公司的中級行政人員。他到輔導室找我傾談的，是他羞怯的性格。

父親在他年幼時已去世，後來母親再嫁。他在懂事以後才知道，他一直稱呼為父親的人原來是他的繼父。繼父對他的管束甚嚴，從來都不稱讚他，還事事與他計較。當學仁知道繼父的身分後，才明白他為何不像其他父親一樣疼愛自己。

後來，他留意到繼父沒有善待母親，便凡事與繼父作對，處處反叛。他不忍看見母親對繼父百般忍讓，諸般遷就，有時候甚至挺身而出，為母親討回公道，造成家庭關係的張力。如今他結了婚，有自己的家庭，已很少回到母親家。當他要探望母親，都是趁繼父不在家時才回去。

令學仁困擾的是他在公司中的表現。上司對他要求相當高，縱使他知道自己的工作表現還不賴，上司卻很少稱讚他。每次遞交工作方案給上司時，他的心情總是忐忑不安，經常在上司辦公室門前徘徊，不敢敲門進去。每當面對面與上司傾談公事時，他都有意逃避與上司的眼神接觸。在上司面前，他就像一個要把成績表交給父母過目的小孩一樣。事實上，學仁也有類似的回憶：「當我小學六年級時，老師派發成績表給我們。我看見自己的成績名列前茅，心想繼父定會稱讚我吧。怎料他不但沒有稱讚我，還對我說，沒有閒錢供我讀中學。幸好母親堅持讓我讀書，為我籌錢交學費。這記憶深印在我腦海中，永難忘記。」

我後來使用相互作用分析的方法，與他一起了解他與上司的關係。他跟上司的溝通，是以小孩面對父母的模式來進行的（如下圖）：

工作關係

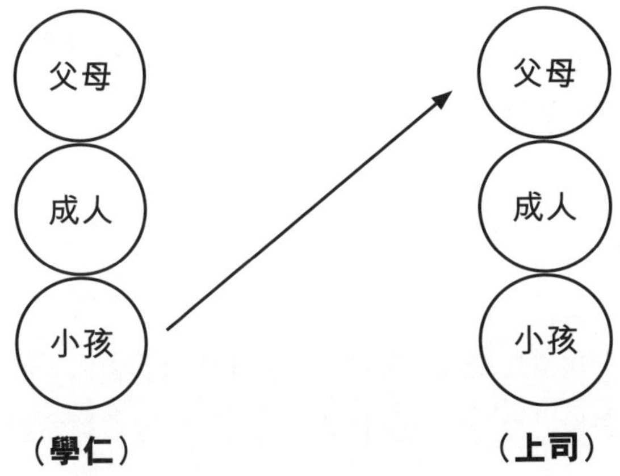

他不能擺脱繼父在他身上的影響。若以家庭中不同的角色來看，他的繼父是迫害者（persecutor），他有時擔當了反叛者（rebel）和受害者（victim）的角色；而當母親被欺負時，他則轉變成為拯救者（rescuer）：

不同角色面對權威時的反應

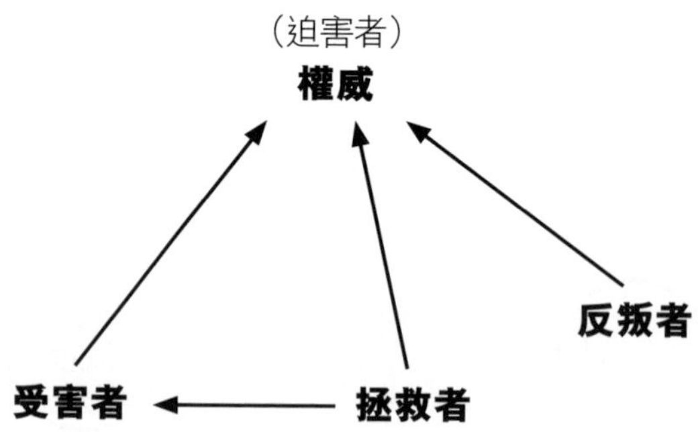

在辦公室裏，他將與繼父相處的模式，「移植」到與上司的關係上，上司於是成為迫害者，而他便成為受害人，心裏早已認定上司會對自己不好，就如他的繼父一般，他很難擺脱小孩的身分。

最後，透過輔導室內的角色扮演，他慢慢學會擺脱小孩的角色，學習以一個成人的態度與上司相處。當他回到公司，他才發現，他在上司眼中並不是那麼差勁。在學仁的評核報告中，上司對他的工作表現予以肯定。他漸漸發覺，他所承受的情緒困擾，有部分是不必要的，而這些困擾都是來自他對上司的投射（projection）！

重演兄弟相爭的一幕

在兄弟姊妹之間，聰明的父親或母親會對子女說：「我對每一個兒女都同樣疼愛。」但作兒女的，卻心裏明白，到底兄弟姊妹中哪一個較為得寵。

兄弟姊妹相爭的例子，歷史上多的是。中國典故中有曹丕、曹植煮豆燃豆萁的故事；《聖經》則有雅各偏愛小兒子約瑟，招致約瑟被其他兄弟陷害的故事。

公司的老闆有時就像我們努力爭寵的對象。你不難在同事間觀察到，有些同事鬥智鬥力爭取老闆的注意和認同。正如我們年幼的時候，就已學懂用什麼伎倆來爭取父母的注意。

在我的回憶裏也有一些與此相關的有趣故事。當我還是小學生的時候，學校裏流行舉手搶答老師的提問。曾有一段日子，不知怎的，每次我舉手，老師都不讓我作答。有一次，我一怒之下，一邊舉手一邊轉面背向黑板，以吸引老師的注意力。當老師叫喚我的名字時，我知道我的小詭計終於得逞。

在工作場合，也同樣充滿爭競。我們要怎樣脱穎而出，得到老闆的注意和賞識，是我們很基本的需要。心理學家 Brian DesRoches 在 *Your Boss is Not Your Mother* 中，為我們分辨出四種我們在家庭中慣常扮演的角色，以此獲取別人的注意，繼而應用在工作關係上。

1. 超級成就者（Superachiever）

超級成就者吸引別人注意力的方法，是凡事做足一百分。他可能會經常超時工作，樂意隨時候命，不惜通宵完成工作計劃方案，為求在眾同事中鶴立雞羣，得到老闆的賞識。

2. 壞孩子（The Bad Child）

壞孩子可能知道自己力有不逮，他所做的便與超級成就者相反，以不斷犯錯作為吸引注意力的手段。例如，他會不按時完成工作，並且不斷投訴別人阻延他的工作進度，令工作不順利，就像我們所謂的害羣之馬、家中黑羊（black sheep of the family），認為唯有做錯事才能得到別人的注意。

3. 小丑（The Clown）

小丑的角色是要逗人開心。在公司裏，你會發現他無處不在。他喜愛向別人講閒話，在會議中說笑話，取笑同事等。他不明白為什麼自己不能升職，總覺得別人沒有認真地留意他、看重他。這種人雖然為工作間增添不少歡樂，為同事減壓，但往往被視為不成熟和膚淺。

4. 安靜的好孩子（The Quiet Good Child）

安靜的好孩子會默默地工作，不會製造任何紛爭和騷擾，事事都能遷就他人。他會儘量避開與人接觸的機會，力求自給自足，不向人求助，不假外人之手來完成工作。他與人的關係疏離，心底裏感到孤寂。他靜觀身邊一切事情的發生，期待老闆終有一天能對他說：好孩子，你做得好。

在以上工作中的眾多關係中，無論是面對權威，抑或面對同事間的爭競，你有否留意哪一個角色是你慣常扮演的？上述的描寫，有否在你與同事交往時，給你似曾相識的感覺？你喜歡自己在這些關係中的表現嗎？你認為最理想的角色和表現應該是怎樣的呢？

了解自己的角色

以下是一個小習作，能幫助你了解自己在工作場合中的人際關係實況，以及你渴想在關係上的轉變。

工作中的人物

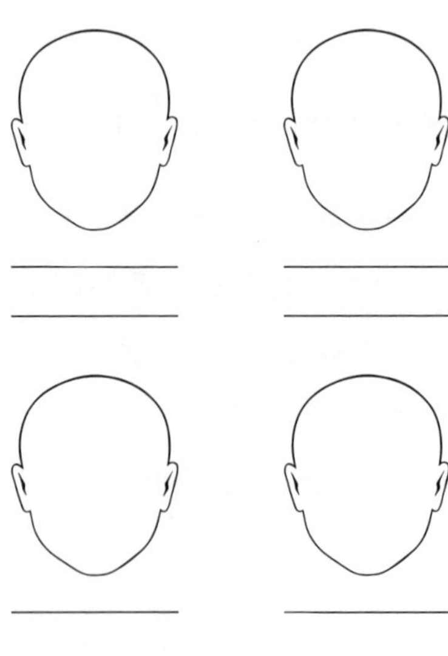

- 他們是誰？
- 你與他們的距離怎樣？
- 他們怎樣看你？
- 你想對他們説什麼？

我們在工作場所中，有很多不同種類的人際關係：對上我們有上司、督導（supervisor）、老闆、導師（mentor）等；平輩則有夥伴、普通朋友、敵人等；對下有直接下屬、文員、秘書等。

這個習作參考自家庭治療大師 Virginia Satir 的家庭重塑概念，可以幫助你在工作場所中錯綜複雜的人際關係裏，活得更真。

第一步

先在白紙上印下前頁的空白面孔，然後在空白面孔上畫上自己及實際工作場所中的同事面貌。你可能會把你的敵人畫得醜陋一點，而把你的導師畫得仁慈一點。運用你的想像力，把你的感覺透過他們的面貌表達出來。

第二步

將各個面孔剪下，跟着把自己的面孔置於中間，然後把其他人的面孔，按照與你關係的遠近親疏，排列在你的周圍。

第三步

嘗試代入每個面譜（角色）的內心世界中，面譜下的第一行空位上，寫下他們對你的看法。例如你的上司可能認為：「此人是可造之材」；你的敵人則認為：「此人有威脅性」等。然後，你嘗試感受一下，在這些人的觀感下工作，你的情感狀況如何？有壓迫力嗎？有自由嗎？在這眾多關係中，你能否辨別出你的本源家庭的影子？誰人像你的父親、母親、兄弟、姊妹？而你又在上述關係中扮演着什麼角色？

第四步

在面譜下的第二行空位上，寫下一句你想對那人說的話——若有機會對那人流露真情，你會說什麼？你或許對你的導師，或扮演着父親角色的人物說：「我對你又愛又恨啊！」或許你會對你的敵人，或那些如同兄弟姊妹般爭寵的人說：「我想跟你做個朋友，放下武器吧！」

當你完成這習作後，你的感受如何？有哪些説話，是你認為可以在現實生活中對當事人説的？你會怎樣運用你在這習作中所得的領會？

處理上與下的工作關係

事實上，對每一個在職的人士來説，一天大部分的時間都用在工作上。要是這份工做得不開心或感到壓力大，很多時並非因為工作量太重，或太多死線去追趕，而是來自工作間的人際互動。

同事間的競爭或閒言閒語，似乎是我們與身邊的親友宣洩情緒的主要話題。不過，上司和下屬的關係也不容易處理，所以我們先從上司下屬的相處之道談起。

管理你的上司

我想，我們絕大部分都是別人的下屬，也不時會聽到：「老闆不容易服侍」、「他 / 她有不少無理的要求」等的宣洩，又或是要下屬做一些私人事務等的抱怨，對上司總是有彈無讚的，大多數的下屬在工作上都得不到滿足感。

上司也是人，跟與任何人相處的要訣一樣。我們先要認識上司的性格、喜惡、正在面對的壓力、優先次序和工作方式等。以下是我們因不了解他們所導致的問題。例如，下屬最常令上司不快的，是花太多時間在上司認為不重要的事情上，也許這不是下屬的錯，而是上司表明需求時含糊，或沒有清楚說明優先次序，直至當他說要的時候就壓下來，以致我們的反應是：為何你不早點說明時限呢？管理上司的意思，就是幫助上司清楚表達自己的需要。

上司工作的方式或取態也會因人而異，只要與不同上司共事過就知道了。例如典型的說法是，男上司主要重視業績或大方向；女上司則看重人際脈絡和細節。我們要投其所好。對不喜歡聽細節的上司，就不要交代太多工作的細節，他會對你感到不耐煩。

上司對不同的溝通渠道也有所偏好，有些喜歡聽你匯報；有些卻愛閱讀文件和數據；有些則樣樣都要參與；另一些卻樂得清靜，可以專心自己的任務。有人更打趣說，你要知道自己的上司是「五分鐘上司」，還是「三十分鐘上司」。對於一個「五分鐘上司」來說，你要準備充足，對答要快而準。對於一個「三十分鐘上司」來說，你要有作情理兼備的聆聽者角色，當一個上司願意與你分憂，或許你已踏上成功的路途呢！

如何面對惡搞上司

惡搞的上司大概可以這樣劃分：第一類是「偶發型」。他們平日的表現是相當合理的，而他們的不合理表現主要是來自壓力的負荷太重。我們的上司也有他的大老闆，上司不合理的表現，如無故向你發脾氣、挑剔等，不少是一種情緒的轉移，將自己不快的情緒宣洩在一些比他弱勢的對象身上。不過，這類惡搞上司仍是可以處理的。

另一類惡搞的上司是「性格型」。他們性格苛刻，不論自己有沒有壓力，言行也帶有傷害性。對於這類上司，我們如能避免受到傷害已經是大幸了。不過，這類不可理喻的上司仍屬少數，若真的遇上，為了保護自己的心理健康和尊嚴，及早另謀高就似乎是上策。

對於第一類上司，他只是受壓的時候才會有不合理的行為。我們首先要懂得看他的眉頭眼額，不要在他有情緒時不經意地觸怒他，自討苦吃。對於他間中的不合理批評或情緒發洩，我們先要控制自己受不合埋對待的負面情緒，如對他作出還擊或冷漠回應等，因這樣的回應只會帶來反效果，令局面變得更差。

當我們能管理自己的負面情緒後，可試試把你的關注以一種正面方式表達，在他心情轉好時營造一個良好氣氛，告訴他你的難處及可以改善問題的正面方法。若你感到他對你的批評不公允，在不敵對的大前提下，表達你不同意他的地方，澄清當中的誤會。

當然，我們也要檢視上司對我們批評的看法及態度。或許將個人的自尊與工作的角色稍為抽離，當我們看上司的批評是一種個人的攻擊，便會有很強的情緒反應；反之，我們若看批評是一些幫助自己做得更好的建議，我們便會較主動的改善自己，又或是與上司合力改善大家的相處方式，這樣就不會因處理批評不善而令關係惡化。

我想，上司和下屬是一個互相幫助，甚至互相倚賴的關係，看自己是上司工作上的夥伴，比看自己是上司權力下的受害人來得正面。

一位初出來工作幾年的青年人，遇上完美主義的上司，每次為上司改信件，上司都不斷修改，有時百多字的信就改上十多遍。這青年人不勝其煩，想出一個方法，每次交上改好的信件時，都把之前的文件一併呈上，使上司發現自己其實在同一處地方已翻來覆去改過；有時他會在限期前不久才呈上，告知上司，限期到了，上司便立刻收手。這是向上管理的方式。

管理你的下屬

不少在自己的專業上十分成功的人，都會被提升至管理階層。怎料，在專業上成功，並不代表可在行政管理上勝任。事實上，專業能力與行政管理之間沒有等號，因為管理是一套人際技巧，你的專業只是認可你在行業上的專業地位，在專業知識上可以作帶領，管人卻是另一碼子的事。

現代工作的世界，多以隊工的形式協作進行，當期望手下一班人能合作愉快時，首要是公平對待每一個下屬。我們知道有「人夾人緣」的道理，但作為上司，特別不是所有下屬都是你選的，更不可偏愛某幾個下屬，否則他們便會被視為你的心腹；一旦在工作分配上有欠公允，就會引來工作上的張力，影響士氣。曾聽過有上司，因與某一兩個下屬特別親近，惹來其他下屬不滿，陷害「受寵」的同事。

你要視每個下屬都是你工作上的寶貴資源，要花些時間了解他們的強弱。現代的管理理念較着重發揮員工的強項，少將他們的弱點放大。不過，若某同事最適合放在某一個崗位，他卻沒有另一方面的知識和技巧，作上司的也要儘量提供培訓機會。

每間公司都會為員工安排每年一度的工作評估，但一個好的上司即使在平日也會了解下屬在工作上的困難和成果。你不單要對他們的工作感興趣，在個人生活上的問候，更可增進工作上的關係。人性其中一個有趣現象，是對喜歡你的人有較正向的反應，所以上司能真誠的表達對下屬的好感，他們也會自然地喜歡你。

舊式的管理視上司為一個軍官，不時發出指令，下屬要絕對順從；但今日的管理卻視上司為教練，他要在場邊給貼身的提示和打氣。若隊工出現問題，頂頭老闆要問責時，直屬上司最忌要下屬「食死貓」。反之，他要保護自己的下屬，免受不合理的指摘。

當然，下屬也有可批評的地方，但不要借機會發洩自己的情緒。每一個批評都要加上一個有建設性的提議，讓下屬有機會改進，若他日真的有所改進，別忘記第一時間給他正面的稱讚和肯定，這便是作上司的基本人際藝術。

委任工作予下屬的技巧

有效地委任工作是一個雙贏的過程。對上司來説，他可以騰出更多時間做計劃或策略性思考的工作；對下屬來説，他可以發展一些工作的核心技巧。對公司來説，工作分配得宜，不完全倚賴一個人，是一個健康的狀態。

不過，把工作委任下屬前要先問問，有什麼是不適宜委派呢？有一些會議是要以管理人作代表出席的，委任下屬就有不對等的問題。另外，有一些工作是與隊工內一些機密資料有關的，也不適宜假手下屬處理。

若你的隊工中有多過一個人合適作出委任，你就要花點心思，因為這會引起同事間的競爭或覺得你偏心，知人善任談何容易。若以工作的緊急性作考慮，應該把工作交給有相關經驗又有能力的人承擔；若以發展人才的角度出發，那工作任務就應該交給那些願意接受挑戰，甚或可以在隊工中公開邀請，讓自發性高的下屬有發揮的機會。曾有上司委派下屬出差，一位較低級的同事獲得機會，中級的同事感到不忿，經常向上司鬧脾氣，最後上司唯有安排她出差才能平息。

將工作委任給能幹的人，是身為上司的一項考驗，考驗他能否放手，讓下屬嘗試，給他們機會從錯誤中學習。自己退居幕後作後盾，在有需要時亦要全力護航，因為當下放工作後，工作的責任仍然在你的名下。

所以，這也不是完全放手的，你要決定交出去的工作，要作定期的匯報嗎？你需要下屬提交什麼資料給你作記錄、有哪些決定是由你作最後批准才能上馬等，這些都是上司需要跟進的工作。除了適度的放手，上司也要學習放心，要信得過同事的能力和對你的信任。

無論你是入職時間稍為長一點的低級職員，要帶領資歷比你淺的人，抑或你已是中級職員，要帶領初級職員，這些技巧都是要不斷鍛練的，也要因應遇上不同的同事和處境，因時制宜。

同級同事的張力

除了善於處理上司和下屬之外，在同級同事之間，我們也要學習與同事合作，合作不難，難的是不幸被人視為競爭對手，你要如何自衛和自處。

第一項我們要學習的，就是分辨什麼是健康和不健康的競爭。在公司中，我們難免有業績上的比較，甚至一些以銷售為主的行業如保險，定時會舉辦比賽。有時候是與自己上一季度的業績作比較，有時是公司不同隊伍為爭取榮譽而努力，健康的、良性的競爭驅使員工在工作表現上做得最好。

然而，不健康的競爭是一個人透過傷害同事，或破壞整體工作隊伍而達至進步。最常見的是爭取一個晉升機會時，有人為求達到目的不擇手段，會播散謠言，攻擊對方，就是不健康的競爭了。

若你身處這種不健康的競爭環境下，最重要的是保持自己專業上的操守，集中精神在自己的強項和優勢上，堅持不會以其人之道，還治其人之身。或者有朝一日，你要與這競爭對手緊密合作呢！

事實上，我們要有一個信念，老闆的眼睛是雪亮的，一個經常要打低人而爭上位的同事，人緣或工作的人際關係多數不理想。為了爭取表面的成績，帶來不良的工作人際關係，最終都會損害公司的利益。老闆當然要業績，但他亦知道員工士氣都是他是否提拔一個人考慮的因素。盡自己所能，當一個好同事，為公司付上你的責任，幫助有需要的同事，有良好的工作人際關係，是這個年代不可或缺的。試想想如何在工作人際間帶給同事正能量，比蓄意與人競爭，要打倒人更可取呢！

如何令同事快樂

正向心理學家發現，人與人的溝通可以帶來正能量。你若想人見人愛，就要掌握令人快樂的説話方式。《聖經》中的〈箴言〉也有類似的説法：「一句話説得合宜，就如金蘋果在銀網子裏。」是多麼令人暢快的事。

正向心理學家將我們聽到別人分享之後的回應，用兩個向度來分類，就是主動（active）或被動（passive），以及是建設性（constructive）或破壞性（destructive）。

例如，一位同事告訴你，她得到一份晉升的差事。依照這兩個回應的向度，我們能分辨出四種不同的回應。試看看你會選擇哪一種？

1. 主動與建設性

第一種是既主動又有建設性的回應，最能帶給人快樂。回應的人是熱情，對正面事件表示真正關心。他會説：「哇，恭喜你！你是怎樣獲得這個差事？你真的太棒了！」(非語言表達：保持眼神接觸，表現正面的情緒。)

2. 被動與建設性

第二種是被動但仍然是建設性的，回應的人默默支持，顯示出不太熱情的感受，只輕輕的説：「這很好。」(非語言表達：很少或根本沒有積極的情感表達。)

3. 主動與破壞性

第三種是主動的，卻帶有破壞性。回應的人會批判，指出消極方面和負面的可能性。他會説：「真不幸，我聽説過這將會非常忙碌，我怕你未必能夠應付。」(非語言表達：顯示出負面情緒。)

4. 被動與破壞性

第四種是既被動又帶破壞性的。回應的人會表現漠然，沒有表現出任何興趣。説一些無相關的事：「香港最近的市道很淡。」(非語言表達：很少目光接觸，迴避。)

假若你經常以主動和建設性的方式回應同事的分享，我相信你一定會很受同事的歡迎，因為他們會主動找你分享，會從你的説話中得到鼓勵和正能量。假若你身邊的人很少向你分享開心的事，你就要反省，自己是否經常對人潑冷水，使人感到掃興呢？

你的回應缺乏建設性，可能反映你內心對生活有很多不滿，這種不滿的情緒也轉移到別人身上。或許是時候正面處理自己生命中的苦毒，將苦毒化為甘泉，這樣才能吸引人親近你。

工作叫人成長

工作上的成長其中一個方向當然指自己在專業上的發展，但不少人專業上很了得，卻未能在公司的階梯上邁進一步，因為在處理人際關係上不夠智慧。能夠處理工作上的「上、中、下」的關係同樣重要。在一個人際關係接觸頻繁的工作世界，處理好各方的人際關係是我們成功的一個重要指標。

工作的過程是一個確立自我形象的過程。我們與不同人會用不同的方式相處，這可說是一種對應別人的性格而作出相應的反應，無可厚非，有時甚至是必須的。不過，有人會擔心是否會令自己變得太圓滑，工作久了會失掉自我？或者用另一種説法，自己戴上了不同的面具面對不同的人，最終真我變得模糊。**我想重要的是我們內裏能否有一個清晰的自我，知道遇上一些與做人原則相違背的時候，必須表明立場，表裏一致，又或者多點透過獨**

處和自我反思，調校自己在人際間的一個健康的定位。

日本著名作家曾野綾子，在她的暢銷書《何謂成熟》中提到：「不失自我、對任何人都能敞開胸懷、安穩的對話，且明確地分辨與對方共鳴與必須拒絕之處。」這種成熟可以透過工作鍛練出來。

同事情誼成長提示

在公司時你是哪種人？

1. 超級成就者
2. 壞孩子
3. 小丑
4. 安靜的好孩子

面對不同同事的方式

上司：認識他的個人喜好，投其所好

下屬：公平、了解、關心，因事制宜

同事：合作不競爭

給同事主動建設性的回應，快樂工作

個人關係：學會獨處

〈愛過之愛〉（Love after love）

那時間會來	The time will come
得意洋洋的	when, with elation
你將迎接自己到達	you will greet yourself arriving
在自己的門前，在你自己的鏡子	at your own door, in your own mirror
而且各人都會微笑歡迎對方，	and each will smile at the other's welcome,
並說，坐在這裏。吃。	and say, sit here. Eat.
你會再一次愛這位陌生人，即你自己。	You will love again the stranger who was your self.
將酒。將麪包。將你的心	Give wine. Give bread. Give back your heart
給回自身，給回這曾愛過你的陌生人，	to itself, to the stranger who has loved you
你所有的生活，你忽略了的另一個，他深深的認識你。	all your life, whom you ignored for another, who knows you by heart.
從書架上取下來的情書，	Take down the love letters from the bookshelf,

照片，絕望的小紙條，	the photographs, the desperate notes,
從鏡中揭下你自己的形象。	peel your own image from the mirror.
坐。享用你生活的盛宴。	Sit. Feast on your life.
——德瑞克·沃克特	~Derek Walcott

這是一首寫給自己的情詩，道出愛自己的愛。

跟內裏的另一個自己相處

Derek Walcott 是 1992 年諾貝爾文學得主，這首新詩名為〈愛過之愛〉(Love after love)，受到廣泛歡迎，它描寫了一個人與自己微妙的關係。他用了很多家庭內的意象，包括門、鏡子、書架、照片等，形容人與自己的相處是一個歸家的旅程。

這首詩形容鏡中的自己是一個似是陌生，又深深彼此認識的人，只是他們之間沒有好好坐下，用點食物、酒，暢談一番。事實上，彼此的相聚彷彿是一場豐富的盛宴，你們之間可以回顧一些書信、照片和小紙條，只要能靜下來、停下來，聽聽這位一直伴隨着你的老朋友，就能彼此交心，分享生命。自己的「另一個我」可以是你最佳的朋友，透過認識他，與他相處，對坐，你會有驚喜和豐富的得着。

我們可以用匆忙、喧囂和擠擁形容香港人的生活形態。在急速的生活節奏、嘈吵的環境和擠擁的人羣中打滾，為自己締造心靈的空間談何容易。

有人花很多時間和精力去改善人際關係，卻從未想過與自己發展一份交情。所以，我覺得獨處（True self solitude）是現代人一種失落的情感藝術，卻對我們發展親密關係十分重要，也是拓展自我的必要條件。

能處寂寞才能處親密

不難發現，現在乘搭交通工具或在街上走，除了聽到車廂中電視的聲音，不太聽到人聲，主要是人人都低下頭在滑手機。大家都是獨處，但相處的不是自己，而是手機。

不能處親密的一個基本問題是我們害怕與自己親密，一個與自己陌生的人，與別人也自然疏遠起來。

有人將我們的內心比作一間屋，裏面住了很多客人，有些客人很友善和受歡迎，有些卻不容易相處，那些客人的名字可能叫作失望、內疚和後悔。

當我們獨自留在家中，那份靜默迫使我們正視自己，那些不易相處的客人，偏與你碰個正面。我們想避開他們，故意令自己忙碌、不停滑手機，看看有什麼新信息、上網看社交網站了解人家的動態、下載短片或劇集看、猛吃零食。不過有些時候，我們慢慢學習靜下來，不再避開他們，學習接納他們是家中的一分子。這正是人生的寫照，有快樂有憂愁、有成功有失敗、有和諧也有衝突。當我們不再懼怕自己時，寂寞轉化為獨處。

透過獨處，我們重新確立自己的方向；學習信任自己內在的資源，不讓外在的環境決定自己的將來。

中年危機仍然是不少人關注的問題。很多中年人在工作和家庭責任的捆鎖中醒悟過來，重新確立自己的方向，覺得過往的日子勞勞碌碌很空虛，就如捕風捉影。事實上，中年未必一定會有危機，我們若能經常獨處，校正自己的方向，就可以避免危機。

獨處除了能整理自己之外，也是與人親密的基石。寂寞之苦能揭開男性以為自滿自足的面具，我們剛毅獨立的背後也需要別人親近和關心。

在寂寞的時候，我們才驚覺人能走在一起，並不是必然的；我們原來是分散，能相聚是如此寶貴。

寂寞邀請我們淨化對別人的期望，承認自己的脆弱，也呼籲我們拆去圍牆，與別人的心架起一道開放的橋樑，盼望建立豐富而又真誠的親密關係。

親密的增進有賴彼此真誠的自我坦露，處寂寞得法，幫助我們認識和接納自我，有了自我才談得上與別人分享坦露；透過親密的坦露和友善的回應，我們便更認識自己。

獨處對拓展自我的重要

兒童精神病學家 Donald Winnicott 認為，小童有獨處的能力（capacity to be alone）是他變得成熟的必要條件。若他經常要迎合成人的期望，便看不清自己真正的感受和需要；唯有獨處時，他才對自己有更多的體現與發掘。可惜的是，大部分人因為成長環境的種種因素，加上社會風氣，娛樂或電子產品的文化，獨處往往被視為不事生產，退縮的表現。

獨處與孤單、寂寞有別。一個人在獨處時，好像十分沉寂；其實他是處於一種積極的狀況，把眾多的生活片段、體驗及反思，像彩氈的一條條彩線，靜靜地編織起來，成為一種有意義的整體。獨處最重要的是與自我相遇，一個人獨處一段時間，很難逃避問自己一些終極、人生意義的問題。我是誰？我往何處？生活意義何在？這些問題可能會帶來很多恐懼，恐懼自己走錯了路，恐懼自己沒有能力再攀高峰，恐懼自己時日無多，甚至恐懼自己的恐懼。但能誠實面對自己及自己的恐懼是踏進成長的一步。哲學家齊克果（Soren Kierkegaard）説得好，要前進必然帶來憂慮與恐懼。我們若不想失去自我，前進帶來的憂慮在所難免。在憂慮與恐懼時，我們更體驗到自我的真實。

事實上，透過獨處，對自我的發展有很多益處：

- 自我滿足，運用自己內在的資源；
- 因着對自我加深了解和接納，更能自然流露真我並發展創意；

- 能在忙亂的外在世界中，找到內心的平安與寧靜；
- 找到自己的身分，更有效愛周圍的人；
- 能藉創意獨處，對抗寂寞與沉悶。

車子上的司機是誰？

一個人透過獨處，找到「我是誰」，就好像一個人駕車，坐在司機座位的是自己，車子走的方向，不受拘束，任意飛馳。

反過來說，一個找不到自己身分的人，就好像駕車時坐在司機座位上的不是自己，而是別人或社會的期望，自己不能掌舵的生活是一種被驅趕的生命，給人牽着鼻子走。因為沒有與自我生命的泉源保持聯繫，生命很容易枯乾。

年輕人踏入工作的世界，很多抉擇需要他很有創意地面對。無論在成年的過渡期，如何抉擇自己的學業與事業方向；無論在單身、戀愛與結婚三者間的取捨；無論在追尋夢想過程中起落，如何與久違了的夢想重遇等，假若車子上的司機是自己，選取的方向都是從自我湧流出來的，就不致為了討好人，使自己成為一個機械人，活潑的自我被牢牢困着，真我不能流露。

台灣著名出版人郝明義，在一本寫給初投身工作青年人的書裏，鼓勵他們要知道自己的信仰是什麼、價值觀是什麼、常回看自己的成長，展望未來的發展，這樣才能編織自己的人生和夢想。要這樣回想和認識自己，非透過獨處不能達到。

單獨不一定孤獨

單獨只描寫一個人獨自一個人的狀況，一個單獨的人不一定會感到孤獨，孤獨感是察覺自己單獨時，為自己沒有人陪伴而感到不開心。

但有一些人會主動找尋可以單獨的機會，特別我們活在人口稠密的城市，在擠擁的人羣中打滾，甚或工作時要面對很多顧客，很多時候想退下來，可以不用面對複雜或商業的人際關係多好，這種是想透過單獨的時候讓自己可以歇息一下。

獨處是另一種境界的單獨狀況，當一個人獨處的時候，狀態似是獨自一人，卻不可説是單獨的，因為他正在與自己相處，像二人組合的人際關係一樣。我（I）作為一個主體，正跟一個客體的我（Me）相處，這包括聆聽與回應，像對方有很多有待發現的東西，你作為他的朋友想進深認識他；你對他進一步的認識可以加深你與他的感情，更可以鼓勵他、肯定他和安慰他。所以，一個獨自跟自己相處的人，絕不感到寂寞，這可以是一段十分深刻密集的時間，甚至可以用忙碌來形容。不過，不是很多人曉得或樂意與自己相處的。

締造心靈的空間

以下是我在締造個人心靈空間的出路。

寫日記或寫稿是我心靈的窗。有時候，放工回家滿腦子仍然是公事，便透過寫作來重拾自己日間一些忽略的事情和感受。我發現相對外界喧囂的環境，自己內心也有很多聲音在呼喚，我邊寫邊與自己內心對話，或者說是寫出內心的話給自己知道。

我也喜歡以散步給心靈留一些空間，心情平和地欣賞四周發生的事，或一花一草的美麗，或一瞥的人際真情流露，這些生活的寶庫，助我暫忘生活工作的壓力。我喜歡散步的地方，包括九龍公園、中環碼頭一帶、動植物公園等，很多文章或頓悟都是漫步中萌芽生長的。你可知道，原來很多偉人的偉大創作，都是在漫步中得到靈感呢！

除了漫步、寫日記，教堂也是我另一個心靈的窗。

香港有幾間教堂，午間供人入內祈禱。愈忙的日子，我的腳步便愈不期然，領我走進教堂，靜靜坐下，或祈禱或安靜，心靈好像在大海中找到錨一樣，有了停泊的地方，休息得力後，再回到大海航行。

匆忙、喧囂與擠擁使人困乏；漫步、安靜與空間助我們從困乏中從新得力。

以上是我與自己相處的方法和習慣，試跟自己來一個約會，像 Derek Walcott 所言：「從鏡中揭下你自己的形象。坐。享用你生活的盛宴。」

Derek Walcott 也給我們與自己相處時一些步驟和提議。

第一是要回家，回到自己的心居。向自己打個招呼，凝視一下自己的模樣；最重要的是願意坐下，不趕急的。給自己一些時間和空間。

生活是一個好好反思自己的素材。例如，在獨處的時候，回顧從上一次獨處跟自己對話以來，生活有什麼變化，你對自己有什麼新發現，你這位內心的朋友，對你的生活有什麼回應和評語，聽聽他真誠的提醒。回顧是十分重要的，像前文的詩提到從書架上取下來的情書、照片、絕望的小紙條等，都是你可用作跟這位朋友閒談的內容。這有點像老朋友敍舊，都是天南地北，互相交流的一個暢談。暢談完別忘記跟他約下一次的相聚時間。我認識一些喜歡靜修的朋友，他們大概一年有兩三次，放下工作，去到一處沒有電話鈴聲、不能上網的地方，只有自己和內裏的一位朋友，赤裸裸好好相處幾天，這會增加不少對自己的認識呢！

有一本描述寫作與心靈操練的書（娜妲莉高柏（Natalie Goldberg）著，高美涓譯：《狂野寫作——進入書寫的心靈荒原》（*Wild Mind-Living The Writer's Life*），介紹了一些透過寫作探視內心的方法：試用「我記得」開始寫，一口氣寫十分鐘。要是寫得沒有話可再寫，再從「我記得」開首，然後可以試試用「我不記得」、「我想到」、「我知道」等等，讓心靈往正面與負面、明顯或隱密的思緒裏探索，這練習可以帶你回到記憶或心靈隱密處。

個人關係成長提示

學習相處 —— 獨處的好處

1. 運用內在資源自我滿足
2. 加深對自己的了解
3. 找到內心平靜
4. 找到自己的身分
5. 發揮創意

獨處的方法

1. 散步
2. 寫日記
3. 到安靜的地方

面對自己的方式

1. 問問自己的狀態、情緒、感覺
2. 感受身體的狀態：疲累、繃緊、放鬆
3. 自上次獨處至今，生活有什麼變化？
4. 你對當下的自己有什麼回應、評語或提醒？
5. 想走什麼方向？
6. 回看成長的路徑
7. 想像未來的發展
8. 肯定、安慰、鼓勵自己
9. 相約下一次敍晤

解決衝突：
放開心結

在人際衝突中增強自己的彈性

有一對三十多歲的姐妹，前幾年，兩人同時沉迷一個網絡連線遊戲。有一次，姐姐在網上偷取了妹妹的一尾魚，之後二人反目，甚至幾年沒有來往。

人與人相處，因為性格、價值取向、個人喜好等原因，衝突似乎是在所難免。俗語有云：「不打不相識」，衝突是一個很好的機會，幫助我們認識自己和衝突對象的差異。總的來説，**衝突處理之道，是我們成長必須掌握的技巧之一。**事實上，要跟別人合作、共處，我們需要增強自己在人際間的彈性，讓我們先從正面了解衝突的好處。

衝突的正面功能

一般人認為衝突不好，因為衝突會導致關係破裂，故此我們會盡一切方法避免衝突發生。若衝突真的出現，我們會儘快找出解決方法。你大概沒想過衝突有正面的功能，研究衝突的專家 Turner N. W. 在一篇專文 "Conflict utilization in marital-dyadic therapy" 提出衝突的好處，甚至列出八項之多。他的用字頗具心思，他看衝突是可以「利用」（utilization）的。我選取其中一些分享：

1. 釋放負能量

衝突出現的時候，我們有一種情緒的能量，這能量可以藉衝突表達，將它釋放出來；若將之壓抑下去，很容易轉化成身心的毛病。

2. 創意解難

衝突有時候可以帶來一些創意的問題或意念，例如衝突雙方為着一個彼此堅持的做事方法而僵持。為了解決問題，滿足兩方的願望，可能會想出一個全新的方案。

3. 表露心聲

我們平常有一些感受或想法，或者認為沒有什麼大不了，也就不說出來，但衝突的時候，就不得不將心底話也說出來了。

4. 另闢蹊徑

我們有時候用慣了一些固有的方法解決彼此之間的問題，偶然一個特殊的衝突，可能發現慣常的方法不奏效，雙方被迫想出一些新的衝突處理方法來。

5. 暴露關係狀況

衝突會把關係的真相呈現。例如夫妻衝突，會把夫婦間的權力分配突顯出來。例如，是否每次都是丈夫忍讓太太？平常的日子，夫婦間的權力未必顯而易見，衝突爆發，誰的意見被採納，誰有最終的決策權，從中看到夫婦權力的高低。

6. 學習合作

衝突得到圓滿解決，有賴雙方合作，過程或許會有情緒或爭執時的火花，但最終能解決衝突，總要雙方釋出善意，或忍讓、或妥協，一種合作的氣氛是少不了的。

7. 訓練理性思維

衝突對我們的理性思考能力是一種考驗。因為衝突時，我們會據理力爭，我們的推理是否合邏輯，搜集理據是否足夠，試找對方説話的漏洞所在，如何維護自己的立場等，可以説是一種理性的操練。

衝突的處理像登山一樣

解決衝突時的山型模式

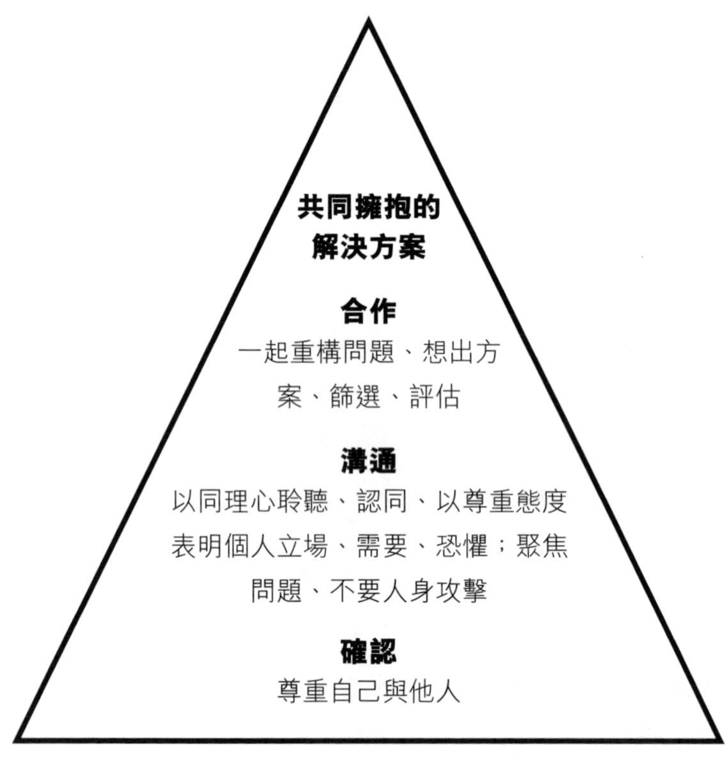

資料來源：Margareta Johansson. *Learning to Work with Conflicts* Trial Edition. The Christian Council of Sweden in cooperation with the Churches' Human Rights Programme in the OSCE.（http://www.adam-europe.eu/prj/8907/prd/1/1/TrainersModules_EN.pdf）

衝突處理可以用很多不同的方式形容和表達，有人用 win-win 的雙贏競賽來形容，有人認為是一個施與受（give and take）的妥協過程。我喜歡用登山來作比喻：我們不能一步攀頂，是由山腳、一步一步朝着山頂進發。

Margareta Johansson 提出，衝突時要有自重和彼此尊重的態度，有了這態度作基礎，就要努力去溝通，而溝通最重要的是彼此聆聽，對對方的意見和感受有同理心，並樂意表達自己對衝突的看法，背後的期望、需要和恐懼。雙方要有一個共識，就是採取對事不對人的討論方向，不作任何人身攻擊。溝通完畢，就要一起重構問題，動腦筋找一些創意解決問題的方案；經過這些登山的過程，雙方同時到達山頂，山頂承載着的是一個共同擁有的方案（inclusive solution）。我們都有行山的經驗，過程真的要出力迎上前，有時望不見山頂還有多高，會感到迷惘，不知道應否放棄；但一步一步的走上去，登山的經驗累積多了，就能挑戰另一個高峰。

或許，登山時必須有一些登山技巧的裝備，試以下面問卷，看看在登山的預備功夫上，你有足夠準備沒有。

解決衝突技巧問卷

以下是一些解決衝突的技巧，請圈出代表你和衝突一方用該技巧的頻率：

解決衝突的技巧	從不	很少	有時	經常	很多
嘗試解決衝突前，我確定我控制了自己的情緒，擺脫了任何負面思想。	1	2	3	4	5
我用行為態度定義衝突。	1	2	3	4	5
我承認我有份造成衝突。	1	2	3	4	5
我弄清我倆應有的行為態度。	1	2	3	4	5
我找個好時機討論可行的解決辦法。	1	2	3	4	5
我提出我的意見，但不會強制對方實行。	1	2	3	4	5
我恭敬地聆聽我伴侶的意見。	1	2	3	4	5
我們議定雙方須作出什麼具體的積極改變。	1	2	3	4	5
我們在一段合理時間內採用新的行為態度。	1	2	3	4	5
如果衝突仍存在，我們願意嘗試作出其他新改變。	1	2	3	4	5

處理衝突三部曲

談判專家 Roger Fisher 及 William L. Ury 在他們的名著 *Getting to Yes* 中指出，很多人處理衝突時，很多時侯是對人多於對事，他們着意要打敗對方、要勝出，這是雙方很難達致協議的主要原因。我們心中有一道方程式，來計算在衝突中誰多讓誰，誰總要多勝出，我們總希望大家是拉平的，即 50/50 的。沒有人希望自己經常是一個輸家。

兩位專家更指出，我們太過着眼於自己的立場（position），卻將自己的關注（concern）或感興趣（interest）的地方，放在檯底下，因為缺乏雙方關注的想法或資訊，只停留在誰對誰錯的爭執中，最終找不到一個雙方都滿意的方案。

聽過一對鄰舍因為狗吠問題產生衝突，A 鄰舍因為 B 鄰舍的狗經常吠叫，令他晚間不能好好入睡，便跟 B 鄰舍理論。他的立場是 B 鄰舍的狗一定要離開，幸好 B 鄰舍是一個善於解決衝突的人，他查問 A 鄰舍最大的關注是什麼，A 鄰舍關注的是晚間能否「有覺好瞓」，B 鄰舍提出他晚上會為狗兒戴上口罩，並將狗兒放到遠離 A 鄰舍睡房的地方，衝突便得到解決。

臨牀心理學家 Susan Heitler 採用了兩位專家對談判的建議，提出一套衝突處理三部曲。她在著作 *From Conflict to Resolution* 引述了一個例子，有助我們了解處理的程序。三部曲包括：起初的立場（initial position）、立場背後的關注（underlying concerns）以及共同的解決方案。見圖表，以一對夫妻處理外出用膳的衝突為例子：

<table>
<tr><th colspan="3">衝突處理三部曲</th></tr>
<tr><th>起初的立場</th><th>立場背後的關注</th><th>共同的解決方案</th></tr>
<tr><td>太太：我餓了。我想去附近的餐廳吃晚飯。
</td><td>• 我很趕急，希望可以快點吃，不用等。
• 我想吃些輕食，不用吃太飽或多吃。
• 我想在光亮和氣氛愉快的地方用膳。
• 我不想煮飯或弄吃的。</td><td rowspan="2">• 丈夫可以快速弄些三文治，或把湯翻熱，二人可以在家用餐。
• 太太可以在超級市場買已烹煮的食物和沙律。
• 二人可以在光亮的客廳中，坐在窗邊，看着電視新聞用餐。
• 丈夫會負責打掃。</td></tr>
<tr><td>丈夫：我也餓了，但我想留在家吃。
</td><td>• 我不想裝扮，但覺得穿這身衣服出外太不修邊幅。
• 我想留在家看晚間電視新聞。
• 我不介意預備晚餐和打掃。</td></tr>
</table>

我觀察一般衝突處理的過程，發現當事人不要停留在起初立場上的爭論，要花多一點時間説出自己的關注，也多聆聽對方立場背後的關注。當雙方的關注得到充分的聆聽和考慮之後，滿足雙方需要的方案就會自然而生。

我想不是每一個衝突都要循這三部曲去解決，但若問題較嚴重，或決定影響深遠或會破壞二人的關係，不妨花多點時間。先不要向對方的立場潑冷水，給雙方同等的時間表述，也將共同的關注平等的放上檯面，一併考慮。**我相信這是一個很好的過程，不單能化解衝突，也是一個彼此認識對方喜惡、價值、優次的好機會。當我們能了解衝突背後彼此的關注，就可以落實在處理衝突時的細節和步驟了。**

處理衝突的步驟

另一個容易出現衝突的關係是夫妻關係。衝突是因為雙方的需要、對事物的看法、或溝通的誤會導致。要為夫婦排難解紛並不是一件易事。不過，我們若與對方有一份信任，也可以透過以下步驟，化解衝突：

1. 適合時地

營造一種合宜的氣氛，選擇一段充足的時間開始討論，不宜倉促了事。此外，要選擇一處沒有騷擾、雙方都感到舒適和安全的地方進行。在充裕的時間和舒適的環境下，以合作的態度，尋求雙方滿足的大前提下開始討論。

2. 溝通

澄清雙方對衝突的看法，彼此明白雙方行為背後的原因：這衝突是由單一事件抑或連串事件所引起？是否肯定這衝突與對方有關？抑或是因內心的矛盾所引致？各自在這衝突上應付上什麼責任？對方有沒有一些對我的誤解（misperception）？我有什麼行為表現令對方有這種誤解？同樣，我有沒有誤解對方？我有沒有太早為對方貼上標籤？我們有沒有刻意或不經意地攻擊對方的弱點或痛處？

3. 處理未完的事

不翻舊帳，但要認清一些未了結的事情：想想有沒有一些過去發生而未解決的事情，形成或助長了今次的衝突？回顧過去的目的，並不在於翻舊帳；應抱一個探求的態度看過去，正面處理一些未了結的問題。

4. 表達雙方的需要

在衝突中，哪些需要被對方忽略了？若得到滿足的話，衝突會否一掃而空？我有沒有讓對方了解自己的需要？當明白雙方的需要，作出認真的考慮之後，雙方的注意力應放在尋求解決方法上，着眼未來，不要被過去的不快阻礙處理衝突的進程。

5. 尋求雙方滿意的方案

雙方不固執己見，嘗試明白對方的需要，尋求可行的方案和出路。定出方案之前，要考慮這些方案是否公平，能否滿足到雙方的需要？是否有能力實踐這些方案？這些方案能否改善雙方將來的關係？方案要得到雙方接納，才能在未來的歲月中化成現實；重要的是雙方都願意承諾將方案付諸行動，並定期評估方案的果效。

無法解開的結

我們生活裏有着不同的人際關係，不同關係內也會發生不同程度的衝突。所謂親疏有別，若是泛泛之交，不會經常見面的，你又未必十分珍重這段關係，有時候未必每一個衝突都硬着頭皮處理。反之，愈親密的關係，我們卻又未必能夠好好處理，因為愈親近的人，當中的情意結就愈多。要拆解衝突，可能先要整理個人的情緒和想法；而且關係是雙軌道，我們願意解決，也要看對方是否有誠意面對，不能每一個衝突都能完美解決。一些複雜的人際衝突可能要大家分開一段時間，騰出空間檢視，才能夠重訪，一步一步朝向正面的關係。

若在人際衝突中受傷，又無法協商和修補關係，我們都要學習放手、讓步和接納限制的事實。當中總會有不快和傷心的時候，找一個知己，樂意聆聽你的，或者告知一個第三者，可能對方會看到你的盲點，或給你意見，或給你安慰，這些都是能幫助你渡過無法解決人際衝突這種難關。

衝突後的成長在於更多認識自己和對方，發現不同的人看事物可以跟自己很不同，又沒有絕對的對與錯。只要我們開闊自己的心懷，便會發現成功解決衝突之後，我們的人際技巧、了解別人，聆聽的能力，勇於表達自己的能力，甚至創意解決問題的能力，都會比以前有進步，這就是我們成長的實證了。

只要我們對衝突抱積極正面的態度，知道彼此尊重是一個共同的基礎，就可以攀上解決衝突的高峰。更要緊是了解雙方最重要的關注在哪裏，透過一個理性，彼此聆聽的過程，我們終會化解衝突，甚至因此增進彼此的認識和關係呢！祝你在解決衝突的路上，愈來愈進步。

解決衝突成長提示

認識衝突的正面意義

1. 釋放負能量
2. 創意解難
3. 表露心聲
4. 另闢蹊徑
5. 暴露關係狀況
6. 學習合作
7. 訓練理性思維

有效處理衝突

1. 合適的時地
2. 溝通：澄清誤解、了解動機
3. 處理心結
4. 表達雙方的需要
5. 尋求雙方滿意的方案

解決衝突，增進感情

總結：成為別人成長的助力

生命其實是一個很美麗的循環，生生不息的。我曾經是不同的人際關係的受益者、被關愛、得滋潤的一方，同時可以是一個接棒人，將這些自己受過的祝福，轉贈他人，祝福他人。

父母對我們的養育之恩，教導我們成為孩子的父母時，可以給兒女一份安穩成長的相依關係，儘量減少他們在人際的焦慮，使他們不需要帶面具過生活。

也有一些良師益友，在我們生命中留下美好的影響，待我們的閱歷加增了，累積一些人生智慧，就可以培育下一代，扶助一些後進。

我們得到朋友的鼓勵，他們豐富的生命或興趣，啟迪了我們；我們也可以將自己所學、人生的體驗，向朋友分享。

工作上，我們可能遇過一些貴人，或者得到一個胸襟廣闊的上司提攜，有朝一日成為別人上司的時候，我們也可以幫下屬好好發揮所長。

在兩性關係中，我們有一個很不一樣的相處角度，曉得欣賞異性朋友，不將人隨便定型，知道男女兩性的存在，是彼此學習欣賞，甚至可以擴張自己的性格，成為一個更獨特和完整的人。

當然，埋身的接觸和合作，會帶給我們不少人際的壓力，學習化解衝突的過程，讓我們更具彈性和包容，或者我們也在化解衝突的過程中，遇到過一些包容我們的人。

生命是一個回饋，既然之前受了恩惠，就感恩圖報，施恩在我們身上的人，不一定要我們直接回報給他們，只要我們將這生命之恩再傳給一些有需要的人，那美好的人際關係的火種，可以令冰冷的世界變得溫暖。

當然，有一些受過傷的人，可能要我們加倍的愛與包容，承載他們的傷，當他們經歷了我們真心的愛與接納，就可以從扭曲、不健康的人際關係中，轉變過來。

我想能承載別人是一個額外的恩典。婚姻輔導家 David Schnarch 提出坩堝（Crucible）來形容這關係，坩堝是一種能抵受高溫的承器。他將 Bowen 的自我區分理論應用在婚姻及性治療當中，他強調一個有安穩相依關係的人，是一個能自我區分的人，在人際的互動中能成為一個助人轉化成長的坩堝，不容易因與別人不健康的相處而受傷，他們能堅忍地幫助其他人成長。

David Schnarch 在自己的 Crucible Therapy 的網頁（http://crucible4points.com/crucible-four-points-balance）提出一個坩堝的四方面平衡，這也是我們作助人成長者，應追求的指標，簡述如下作參考：

穩固有彈性的自我 （Solid flexible self）	能清楚認識自己是誰和人生目標，尤其是當其他人給你壓力，要你去適應和符合其他人的期望時，你仍能堅定。
平靜的思想、安穩的心 （Quiet mind & calm heart）	能夠讓自己平靜下來，舒緩自己的傷害，調適自己的焦慮。
踏實的回應 （Grounded responding）	當其他人感到焦慮或不安的時候，能保持冷靜，不會做出過激反應，不會製造距離或逃跑。
有意義的忍耐 （Meaningful endurance）	能夠挺身而出，面對困擾你的問題和關係，並為了成長而忍受不適。

在我看來，一個有安穩相依關係的人，就是勇敢透過重訪自己的本源家庭，在人際互動中能自然流動，留心那些過敏反應背後的成長問題，並努力成為一個坩堝，取得四方面的平衡。不過，這不是一個很容易達到的目標，希望讀者在細閱本書的人際成長提示後，慢慢培養自己成為這樣一個助人成長者，祝福他人，甚至在成長過程中遇上特別困難的人，也能有勇氣祝福對方。